El cach
perfecto

EDITORIAL
PAIDOTRIBO

El cachorro perfecto

GWEN BAILEY

EDITORIAL PAIDOTRIBO

España	Argentina	México
Editorial Paidotribo	*Editorial Paidotribo Argentina*	*Editorial Paidotribo México*
Les Guixeres	Adolfo Alsina, 1537	Lago Viedma, 81
C/. de la Energía, 19-21	C1088 AAM Buenos Aires	Col. Argentina
08915 Badalona	Tel.: 00 54 11 4383 64 54	11270 Delegación Miguel Hidalgo
Tel.: 00 34 93 323 33 11	Fax: 00 54 11 4383 64 54	México D.F.
Fax: 00 34 93 453 50 33	www.paidotribo.com.ar	Tel.: 00 52 55 55 23 96 70
www.paidotribo.com	paidotribo.argentina@paidotribo.com	Fax: 00 52 55 55 23 96 70
paidotribo@paidotribo.com		www.paidotribo.com.mx
		paidotribo.mexico@paidotribo.com

Originalmente publicado en Gran Bretaña en 2008 bajo el título de *The perfect Puppy* por Halmyn Octopus, un sello de Octopus Publishing Group Ltd
Endeavour House, 189 Shaftesbury Avenue, London WC2H 8JY

Traducción: Pedro González del Campo Román

Editorial Paidotribo
Les Guixeres
C/ de la Energía, 19-21
08915 Badalona (España)
Tel.: 93 323 33 11 - Fax: 93 453 50 33
http://www.paidotribo.com
http://www.paidotribo-ebooks.com
E-mail: paidotribo@paidotribo.com

Primera edición
ISBN: 978-84-9910-049-4
Fotocomposición: Bartolomé Sánchez de Haro
bgrafic@bgrafic.es
Impreso y encuadernado en China

Índice

Introducción de la 2ª edición en inglés

Hace unas semanas recibí el siguiente correo electrónico de Australia:

> *Buenos días. Compré su libro en 1996 en un mercadillo de Melbourne y lo leí de cabo a rabo antes de comprarme un perro (un kelpie) en 1997. He aplicado los principios de su libro desde el principio (mi perra tiene ahora diez años) y sabe incontables trucos y es la alegría de la casa. Gracias por publicar este magnífico libro en una época en que todos (al menos donde yo vivo) ¡usaban collares de ahorque!*
>
> *Crystal Wemyss*

No tengo palabras para expresar lo feliz que me siento de que la primera edición de este libro haya llegado a tanta gente en todo el mundo y haya mejorado la vida de sus mascotas. Ha sido el libro sobre cachorros más vendido en los últimos 11 años, y estoy orgullosa de que miles de perros y dueños se hayan beneficiado de lo que tuve la suerte de aprender desde los inicios de mi carrera profesional.

Cuando se publicó el libro por primera vez, solía contener la respiración cuando los dueños acudían a decirme que habían criado a sus perros aplicando lo aprendido en sus páginas, temerosa de que hubiera ocurrido algo horrible. Sin embargo, esto nunca sucedió y seguí sorprendiéndome y deleitándome por cuánto les había ayudado el libro y lo buenos que eran sus perros.

Ahora, transcurridos once años, tengo la oportunidad de poner al día el libro, aunque, aplicando el principio de «si funciona, no lo toques», los cambios han sido mínimos. Con los años he aprendido dónde hay que poner más

Los cachorros necesitan estar entretenidos para no cometer travesuras y amoldarse fácilmente al tráfago de nuestras vidas.

Gwen Bailey, escritora y especialista en conducta animal, con un nuevo recluta para su sistema educativo basado únicamente en recompensas, juegos, diversión y métodos positivos.

énfasis y en esta edición he abordado algunas de las preguntas que los dueños noveles me plantean con más frecuencia. El mayor cambio ha sido en el capítulo 8 'Control de la conducta y liderazgo', donde he tratado de aconsejar sobre la peliaguda cuestión del dominio sobre el cachorro sin recurrir a la intimidación ni al castigo.

Creo que el éxito de este libro se debe a que se basa en métodos positivos. El castigo y la agresión no llevan a ninguna parte, se trate de cachorros, perros adultos o seres humanos. De establecer relaciones armoniosas basadas en el amor y la confianza es de lo que trata este libro. Los seres humanos somos por naturaleza una especie muy agresiva y no necesitamos ayuda en este sentido. No es que esté en contra de poner límites y reforzar reglas de conductas; al contrario, uno de los principales cambios en esta segunda edición es la presencia de más información sobre cómo hacer esto bien y del modo apropiado. Después de haber criado recientemente otro cachorro usando estos métodos, el cual se ha convertido en una delicia de perro, feliz y bien educado, estoy más convencida que nunca de que estamos en el camino correcto y que no se necesita ningún castigo para adiestrar y educar a un perro.

Los perros siempre han sido lo más importante en mi vida y he dedicado la mayor parte de mi tiempo a enseñar a sus dueños a mejorar la vida de los canes. Nada ha tenido más éxito en dicha tarea que este libro, sobre todo si se lee cuando los cachorros (y también los amos) todavía tienen ganas de aprender y hacer las cosas bien. Espero que este libro siga teniendo éxito, tal vez incluso más con su nuevo formato y contenido. Si logramos que todo vaya bien desde el principio, fracasarán o se socavarán menos relaciones entre dueños y perros, y serán más los que disfruten de una relación larga y feliz. Espero que la tuya sea una de ellas.

Prefacio

La vida de un cachorro debe ser una larga y feliz aventura. Con demasiada frecuencia se reduce a una época confusa en que las personas esperan demasiado de sus perros y en que los cachorros se meten en problemas por quebrantar reglas que ni siquiera conocen. En realidad, los perros no se parecen a Lassie. No comprenden al instante cuanto decimos o pensamos. Son una especie distinta, con diferentes capacidades y sistemas de comunicación. Necesitan nuestra ayuda para adquirir una mejor comprensión de nuestra conducta y aprender lo que queremos de ellos. Los cachorros, al igual que los niños, necesitan amor y protección. Necesitan que los controlemos para que la convivencia sea agradable, pero sin llegar a doblegar su espíritu.

Llevo más de 20 años trabajando con perros que no pasan toda su vida con el mismo dueño. A menudo se debe a que los primeros dueños no hicieron un esfuerzo suficiente por adquirir los conocimientos necesarios para criar correctamente un perro. Si la situación no se corrige, el que pierde es siempre el can. Normalmente los dueños no son irresponsables ni despiadados, pero a menudo carecen de los conocimientos necesarios para desempeñar bien esta labor. Se requiere el equivalente a la vida de varios perros para aprender empíricamente, y, sin embargo, resulta mucho más fácil si antes aprendemos de los errores y éxitos de los demás. Este libro es el resultado de lo que he aprendido trabajando con perros «problemáticos», de los

Atento y deseoso de aprender. Los benjamines saben amoldarse a nuestras costumbres y de nosotros depende que, cuando crezcan, nos den alegrías o quebraderos de cabeza.

Cada cachorro tiene su propio temperamento y personalidad. Apercibirse de sus rasgos inherentes y enseñarle buenos hábitos son aspectos esenciales para conseguir un perro equilibrado.

conocimientos adquiridos dando clases a cachorros y viendo a los perros a los que enseñé conducta canina convertirse en adultos felices y bien educados, y de lo que he aprendido de otros profesionales en el campo de la conducta animal.

A primera vista el esfuerzo de criar correctamente a un cachorro puede parecer desalentador, pero este libro ayuda a criarlo con un grado mínimo de error y cubre todos sus aspectos. Es poco probable que haya que alterar radicalmente tu capacidad natural para criar un benjamín, pero esta guía te aportará conocimientos adicionales para hacer bien dicha labor.

A largo plazo, planificar con antelación y hacer bien las cosas desde el principio resulta más sencillo que tener que solventar problemas a posteriori. Para aprovechar este libro al máximo, aplica las ideas y sugerencias antes de que las cosas empiecen a torcerse. De este modo podrás evitar los problemas a los que se enfrentan tantos dueños de canes. Esto hará que la vida sea mejor y más fácil para tu perro y para ti.

Puntos clave

- Este libro versa únicamente sobre el modo de influir en la conducta del cachorro y moldear su carácter futuro. Aunque también tendrás que descubrir el modo de cubrir las necesidades físicas de tu cachorro, para eso ya hay multitud de libros.

- Habitualmente hablo de los cachorros en masculino, englobando a ambos sexos. No existen grandes diferencias entre los perros macho o hembra; ambos poseen cualidades que los convierten en mascotas ideales.

CAPÍTULO 1

La materia prima

Tal vez creas que por dentro los cachorros se parecen mucho unos a otros. No obstante, cuando llegue a su nuevo hogar, tu cachorro será un ser individual y único que reaccionará a su manera ante un nuevo entorno, en virtud de sus caracteres genéticos y las experiencias vividas en la camada. Tanto si todavía no has elegido tu cachorro como si ya lo has adoptado o comprado, con este capítulo entenderás que su pedigrí influye en su futura conducta y sabrás cómo aprovechar esas diferencias para que se convierta en un adulto educado y estable.

Razas agrupadas por sus características

Las razas de perros se agrupan atendiendo a sus características generales. Elige uno de los siete grupos descritos en la siguiente tabla.

Genes: un indicio de la conducta

Las razas de perros actuales se crearon seleccionando generación tras generación rasgos útiles para un tipo concreto de trabajo, hasta que todos los miembros de esa casta mostraron predisposición a las conductas inherentes a la raza. Por ejemplo, si tu perro procede de una

Los Collies son perros inteligentes criados para trabajar, por lo que necesitan mucho ejercicio estimulante.

RAZAS AGRUPADAS POR SUS CARACTERÍSTICAS

Perros de caza	Amistosos, sociables, obedientes, enérgicos, revoltosos, juguetones, de tamaño mediano y grande
Perros de pastor	*De pastoreo:* vivaces, sensibles, susceptibles, activos, trabajadores, enérgicos, juguetones, obedientes, protectores *De guarda del ganado:* por lo general de gran tamaño o razas gigantes, perezosos, de pelaje espeso y con sentido de guarda
Terriers	Habitualmente pequeños, fáciles de motivar y dispuestos a recurrir a la agresión, predadores, dominantes, excitables, y pueden ser ruidosos
Perros de compañía	Dulces, pequeños, disfrutan de las muestras de afecto
Perros rastreadores	Afables, independientes pero sociables, no muestran interés por los juguetes, criados para rastrear y cazar, difíciles de controlar en los paseos
Perros de trabajo	Grandes, inteligentes, protectores; el resto de sus rasgos depende del trabajo para el que hayan sido criados
Perros de ayuda	Perros que no se ajustan a ninguno de los otros grupos; sus características individuales dependen del trabajo para el que se seleccionó la raza

línea genealógica de Dachshund, una raza originalmente criada para sacar a los tejones de sus madrigueras, será más propenso a cavar que, por ejemplo, un Deerhound, idóneo para cazar venados. Es más probable que un Collie quiera cazar que no un Cocker Spaniel. Los Dobermanns, por ejemplo, son más dominantes que los dálmatas.

La predisposición de la raza constituye la materia prima con la cual tendrás que trabajar y, para sacar lo mejor de tu mascota, resultará útil saber exactamente qué has adquirido. La información sobre el origen de sus ancestros se puede obtener leyendo libros sobre razas, en Internet o de personas conocedoras de esa casta. Piensa en si esos rasgos heredados se acomodarán a la vida que llevará contigo. Por ejemplo, ¿vives en una propiedad donde la actividad exterior puede provocar que un perro de guarda ladre con demasiada frecuencia? ¿Vives en un área donde hay multitud de cosas que cazar y donde la caza tendrá consecuencias? ¿Importa si tu perro excava hoyos en el jardín?

Conocer los rasgos y apetencias de la raza de tu cachorro permite dar con medios positivos para canalizar esas energías y que no adquiera malos hábitos. Por ejemplo, enseñar a un Collie juegos de persecución con una pelota puede impedir que en el futuro cause problemas persiguiendo a ciclistas o corredores. Recompensar de cachorro a un perro guardián por estarse quieto y no reaccionar a los ruidos del exterior garantizará que no ladre en exceso cuando sea adulto. Piensa bien en los rasgos de raza que ha heredado tu perro y encuentra formas de canalizar sus energías hacia hábitos adecuados en vez de permitir que se desarrollen de forma inaceptable.

Informarse sobre la predisposición hereditaria es más complicado cuando tenemos un cachorro de padres desconocidos. Si el cachorro es un primer cruce de dos perros con pedigrí, es bastante probable que herede una mezcla de los rasgos de las dos razas y, con suerte, lo mejor de ambas. No obstante, si se trata de un perro callejero, también habrá que conocer sus posibles características y esperar a que se manifiesten en el cachorro.

¿Qué raza es la que más te conviene?

Muchas personas eligen el perro porque les gusta su aspecto sin plantearse las características de su conducta. No es ésta la mejor forma de elegir un compañero que

Los sabuesos se criaron para que su gran olfato les permitiera rastrear presas; además tienen gran resistencia y energía.

CARACTERÍSTICAS DE LAS DOCE RAZAS MÁS POPULARES

	RAZA	FUNCIÓN PRIMARIA	RASGOS DE CARÁCTER
	**Labrador**	Cobrar piezas del agua	Les gusta acarrear y mordisquear objetos, enérgicos
	**Pastor alemán**	Pastoreo y guarda	Caza y guarda, elevada ética del trabajo
	**Border Collie/ovejero**	Pastoreo de ovejas	Necesidad de cazar; enérgicos, elevada ética del trabajo
	**Yorkshire terrier**	Matar ratas	Pueden ser predadores, fáciles de motivar, enérgicos
	**Golden retriever**	Cobranza	Les gusta acarrear y mordisquear objetos, enérgicos
	**Jack Russell terrier**	Matar ratas y zorros	Pueden ser predadores, fáciles de motivar, enérgicos
	**West Highland white terrier**	Matar ratas y zorros	Pueden ser predadores, fáciles de motivar, enérgicos
	**Cavalier King Charles spaniel**	Perro de compañía	Cariñosos
	**Cocker spaniel**	Levantar la caza	Enérgicos, juguetones
	**Springer spaniel inglés**	Levantar la caza	Enérgicos y juguetones
	**Boxer**	Cazar osos y jabalíes	Enérgicos y revoltosos
	**Bull terrier de Staffordshire**	Peleas caninas	Problemáticos con otros perros

	CUIDADOS ESPECIALES EN EL HOGAR DE LA MASCOTA	GRADO DE SOCIALIZACIÓN NECESARIA	CARÁCTER DOMINANTE	NIVEL DE ACTIVIDAD
	Enseñarle y jugar con él a cobrar juguetes. Aportar juguetes para morder, sobre todo durante el período de dentición. Suministrar abundante actividad física y mental.	Normal	Medio	Alto
	Canalizar su instinto cazador mediante juegos con juguetes, socializar y adiestrar bien. Suministrar abundante actividad física y mental.	Alto	Medio a alto	Alto
	Canalizar su instinto cazador mediante juegos con juguetes. Suministrar abundante actividad física y mental.	Alto	Medio	Muy alto
	Atención especial a las mascotas pequeñas. No suelen plantear problemas debido a su pequeño tamaño.	Normal	Medio	Bajo
	Enseñarle y jugar con él a cobrar juguetes. Aportar juguetes para morder sobre todo durante la época de dentición. Suministrar abundante actividad física y mental.	Normal	Medio	Medio
	Atención especial a las mascotas pequeñas. Requieren buena socialización y manipulación. Suministrar abundante actividad física y mental.	Normal	Alto	Alto
	Atención especial a las mascotas pequeñas. Requieren buena socialización y manipulación. Suministrar abundante actividad física y mental.	Normal	Alto	Alto
	No necesita atención especial.	Normal	Bajo	Bajo
	Enseñarle y jugar con él a cobrar juguetes.	Normal	Alto	Medio
	Enseñarle y jugar con él a cobrar juguetes. Suministrar abundante actividad física y mental.	Normal	Normal	Muy alto
	Suministrar abundante actividad física y mental. Jugar con juguetes. Adiestramiento.	Normal	Normal	Muy alto
	Garantizar la socialización con otros perros.	Normal	Alto	Medio

probablemente viva con tu familia y contigo los próximos 15 años o más. Acertar con un perro cuyos caracteres genéticos sean compatibles con tu familia y contigo hará más probable que críes con éxito una mascota. Vale la pena, por tanto, prestar de antemano considerable atención a esta parte de la ecuación. Si ya has adquirido tu cachorro y te has dado cuenta de que no has elegido sabiamente, no desesperes. Es posible convertir en un perro perfecto a un cachorro sin los caracteres genéticos idóneos, pero tendrás un poco más de trabajo y habrás de acumular más conocimientos para conseguirlo.

¿Por sus habilidades o por su estampa?

Cuando se seleccionaban perros para crear distintas razas, se elegían por su conducta más que por su aspecto. Sin embargo, los tiempos han cambiado y ahora la mayoría de los perros de compañía proceden de tiendas de mascotas en las que lo importante es que los canes conserven la estampa propia de su raza.

Como en las pistas de exposiciones lo que se examina es la estampa, sólo los criadores más comprometidos se preocupan del temperamento de los canes y adoptan las medidas necesarias para garantizar que sólo los perros con rasgos seguros perpetúen la línea familiar. Aún en estos casos la tentación de usar machos de temperamento imperfecto, pero de estampa óptima, para cubrir a hembras de su camada y, por tanto, para criar campeones que compitan en las exposiciones caninas, es demasiado golosa para algunos criadores.

Elegir un cachorro que tenga paciencia y sea afectuoso y tolerante es importante si tienes niños. El labrador retriever es una buena elección para familias.

Los incansables Springer Spaniel son vivarachos y afectuosos, y son grandes mascotas siempre que hagan suficiente ejercicio.

Algunos perros todavía se crían por sus habilidades para ciertas labores. Los perros de pastor son un buen ejemplo. Sólo se conservan los mejores cachorros de la camada para ser entrenados y trabajar. El resto se destina a perros de compañía. Antes de quedarte con un cachorro con este pedigrí, plantéate si quieres un perro capaz de correr 32 a 48 kilómetros diarios y con resistencia para aguantar sin parar todo el día. En un hogar normal, donde los dueños pasan fuera trabajando la mayor parte del día, perros de trabajo como estos pueden volver locos a sus amos a menos que los canes enloquezcan antes. Por tanto, si al concluir una competición para perros pastores, o después de ganar el premio de Mejor Perro Policía del Año, o tras competir en la carrera de trineos Iditarod de Alaska, el criador te muestra orgulloso fotografías de los padres, lo más sabio será plantearte seriamente si quieres una mascota con estas cualidades heredadas. Además, los perros de trabajo a menudo se crían en perreras, por lo que los cachorros no siempre gozan de la temprana socialización necesaria para vivir en un hogar con personas.

Por desgracia, pocas personas crían perros mascota en Inglaterra. Los perros se suelen criar por su belleza, por su capacidad para ciertas labores o porque una hembra se ha quedado preñada por accidente. Sólo conociendo los distintos linajes podrás tomar una decisión informada sobre el pedigrí más adecuado para ti. Si ya tienes un cachorro, obtener esta información te ayudará a entender los rasgos de carácter que pueda desarrollar al madurar, y a estar listo para que alcancen una expresión aceptable.

La procedencia del cachorro

El origen de tu cachorro es muy importante. Como veremos más adelante (véase la página 56), el proceso de socialización debe estar en curso cuando los cachorros estén listos para dejar a su madre, y lo profundo que haya sido este proceso supondrá una gran diferencia en la evolución futura de tu cachorro. Si no ha sido bien

Todo buen criador mantendrá a los cachorros en buenas condiciones higiénicas y se asegurará de que crecen adecuadamente y están bien socializados antes de ponerlos en venta.

socializado por el criador, tendrás que esforzarte mucho mientras el cachorro todavía sea pequeño para asegurarte de que se adapta bien y no alberga miedos.

El mejor comienzo posible para un cachorro es nacer en un hogar bullicioso donde esté expuesto a todas las imágenes y sonidos con los que necesita familiarizarse. Si mantiene a diario contacto físico (esmerado) con niños y adultos, si juega con las visitas y mantiene relación con otros perros amistosos, cuando llegue a tus manos ya estará en el buen camino para mostrarse estable y confiado en cualquier situación. Si, por encima de todo, la camada fue buscada y se tuvo cuidado en elegir padres de temperamento sereno y afable, habremos dado con la mejor receta posible para alcanzar el éxito.

Cachorros de otro origen pueden dar buen resultado siempre que tengas cuidado con la elección. No hay muchos criadores que mantengan los canes en perreras y tarden tiempo en trasladarlos al hogar para socializarlos, pero incluso así crían buenos cachorros; al igual que algunos centros de acogida que mantienen a los cachorros con abundante contacto humano y distintas experiencias desde temprana edad. Comprar un cachorro que sepas que ha tenido muchas y agradables experiencias en distintos entornos te permitirá iniciar la senda con buen pie.

Cuidado con comprar un cachorro en un lugar en que se hayan adoptado pocas precauciones; por ejemplo, en una granja donde los cachorros siempre estén a su aire y no hayan estado nunca bajo techo en un hogar humano; una perrera en que no se haya hecho esfuerzo alguno por mantener contacto físico o socializar a los cachorros; una tienda de mascotas donde no haya medio de saber el origen ni la forma de criar a los cachorros; o una granja de cachorros donde se críen perros de distintas razas con el fin de ofrecer más posibilidades a los compradores.

Los perros de estas granjas, criados en masa en condiciones inadecuadas, traídos al mundo específicamente para el mercado de mascotas, son conocidos por sus trastornos físicos y de temperamento. Es poco probable que se haya elegido esmeradamente a los padres; a menudo vale cualquier perro cuya estampa recuerde vagamente a la raza, y las experiencias traumáticas y el estrés que experimentan desde edad muy temprana por haber nacido en tales circunstancias y por haber viajado largas distancias desde muy pequeños deja huellas. Se han detectado algunos problemas peculiares de conducta y trastornos del temperamento en perros criados de este modo.

Para asegurarte de que no compras un perro de este tipo, insiste en ver al cachorro con su madre, y sospecha si el criador pone excusas y dice que no es posible. Repite la visita si fuera necesario. Nunca compres un cachorro que el criador o el vendedor te ofrezcan llevar a casa, o si te ofrecen encontrarte a medio camino «para ahorrarte un largo viaje». Ten cautela con los anuncios en que se ofrezcan cachorros de varias razas.

Elección de un cachorro

Selecciona un cachorro que, con una edad entre seis y ocho semanas, se te acerque con presteza y una actitud de confianza y meneando felizmente la cola. Los cachorros socializados muestran alegría y gustan de saludar con calma y amistosamente, y se manifiestan contentos cuando se les levanta del suelo o se los contiene con suavidad. No elijas cachorros que se aplasten contra el suelo cuando te aproximes o que intenten huir. Si ya has comprado un cachorro con miedo al contacto humano, tendrás que dedicar grandes esfuerzos a superar ese miedo y timidez mientras el cachorro sea todavía pequeño (véase la página 68).

Ver a la madre con los cachorros es un buen indicador del futuro carácter de tu mascota. Los rasgos de nerviosismo suelen ser heredados, y también es probable que los cachorros que experimentan el miedo de la madre y una conducta agresiva ante extraños aprendan ese

Los perros de la raza Golden retriever suelen ser fantásticas mascotas para jugar. Intenta elegir un cachorro que no muestre agresividad posesiva en su pedigrí.

comportamiento desde bien temprano, comportamiento que se manifestará más adelante cuando maduren. A menudo he visto a personas cuyos cachorros mostraban un problema de nerviosismo y agresividad, y a las que, al preguntarles si habían visto a la madre, decían: «Sí, pero no me dejó acercarme», o peor aun, «Sí, pero me dio una tarascada». Una pareja cuyo perro se mostraba tremendamente agresivo ante extraños y que fue comprado sabiendo que sus padres eran perros guardianes, comentaron que querían que el suyo fuera también de guarda, pero no que mordiera a la gente. Los criadores tal vez digan que no se puede ver a la madre, porque se muestra agresiva con los extraños desde que tuvo los cachorros; eso significa que tiene un problema de agresividad silente que se ha manifestado con la tensión del parto y el aumento de las visitas de extraños. Por esa razón no es aconsejable quedarse uno de sus cachorros.

Por último, guárdate de los criadores y vendedores poco escrupulosos que usan los cachorros como un medio para ganar dinero. Conozco a un hombre que cría pastores alemanes de temperamento poco fiable y los vende garantizando que admitirá su devolución si algo sale mal. Por lo general, los devuelven al cabo de un año, porque los dueños no consiguen hacerse con ellos, y los vende una segunda vez como perros de guarda.

Cuándo llevarse un cachorro a casa

Hay diversas opiniones sobre cuál es la mejor edad para separar un cachorro de su madre y hermanos y que se vaya con su familia humana. Hay que sopesar las ventajas de permanecer con la camada y las ventajas de integrarse en una nueva familia.

Cuanto más tiempo permanezca el cachorro

Un cachorro como este, socializado por el criador y feliz y confiado, ofrece la mayor posibilidad de éxito.

Mientras todavía está con el criador, el cachorro necesita multitud de experiencias positivas para que adquiera confianza y esté relajado al incorporarse a una nueva familia.

con la madre y sus hermanos, más aprenderá sobre los sistemas de comunicación canina y más capaz será de afrontar correctamente los encuentros con otros perros cuando sea mayor. Los cachorros que abandonan muy pronto la camada –como los cachorros huérfanos que se han de amamantar artificialmente– no juegan con otros congéneres. Tal vez no sepan actuar ni comportarse adecuadamente con otros perros, lo cual causará problemas cuando maduren. También se pierden la vital educación que reciben de la madre mientras los cría y desteta. Los cachorros que abandonan la camada demasiado pronto pueden ser díscolos y agresivos si no se salen con la suya, dado que nunca han aprendido a superar sus frustraciones ni a enfrentarse a sus sentimientos, lo cual sucede naturalmente durante el destete.

No obstante, cuanto más tiempo permanezca el cachorro en la camada, menos oportunidades tendrá de aprender las costumbres humanas. Si un cachorro se mantiene demasiado tiempo con la camada –como en el caso de benjamines que siguen con los criadores hasta los seis meses para ver si se desarrollan armoniosamente y sirven para las muestras de exposición–, será mucho menos competente en los encuentros con personas, haciendo de él una pésima mascota. Estos perros a menudo disfrutan más de la compañía de otros perros que la de los humanos, y es difícil comunicarse y jugar con ellos, y tal vez sean tímidos y más propensos a manifestar una conducta agresiva ante extraños.

Una complicación añadida es que los cachorros de razas pequeñas tienden a madurar antes que los de razas grandes. Por ejemplo, un cachorro de terrier puede estar en el mismo estadio de desarrollo a las seis semanas que un cachorro de una raza gigante a las ocho semanas.

En consecuencia, la decisión sobre el momento adecuado para llevarse un cachorro a casa tiene que ser fruto de un compromiso. Como es más importante que los perros mascota interactúen mejor con las personas que con otros perros, habrá que prestar más consideración a este aspecto. Si el cachorro está bien socializado con adultos y niños y vive multitud de nuevas experiencias a diario, tal vez sea mejor dejarlo con el criador hasta que tenga ocho semanas. Si no es así, seis semanas pueden ser una edad mejor para ir a su nuevo hogar, donde el tiempo se invierte en aprender a formar parte de una familia humana. No se debe adoptar a un cachorro que tenga más de ocho semanas a menos que estemos seguros de que está bien socializado con personas y ha tenido experiencias variadas y mucha atención individual.

CAPÍTULO 2

La visión que el cachorro tiene del mundo

Los antepasados de los perros domésticos, los lobos, evolucionaron hace milenios hasta convertirse en colaboradores en la caza de grandes presas. Sus cerebros y cuerpos se desarrollaron para cumplir este propósito y permitirles detectar, cazar y matar grandes presas mediante la cooperación y coexistencia en jaurías. Por consiguiente, los perros muestran distintas motivaciones, sentidos y capacidades que nosotros, y su concepción del mundo es muy distinta a la nuestra. Para criar un cachorro con éxito, es útil saber ponernos en su lugar.

Vivir en un mundo de olores

La vista es nuestro órgano primario y aprendemos casi todo sobre el mundo viéndolo a través de nuestros ojos. En los canes, el sentido del olfato es mucho más importante, y gran parte de la información que recaban sobre el entorno les llega por el olfato. Observa a un perro y a su

Los cachorros son relativamente pequeños respecto a nosotros y, hasta que se acostumbran, las manos que extendemos desde arriba para cogerlos pueden resultar amedrentadoras.

Los cachorros viven en un mundo donde rastros y olores son muy importantes y donde el olfato les aporta muchísima información sobre su entorno.

dueño cuando entran en una habitación nueva. El ser humano emplea los ojos para saber lo que ocurre en su interior, mientras que el perro empezará a olfatear para descubrir lo que necesita saber.

Los perros detectan olores que nos resultan difíciles de entender. Los perros entrenados pueden seguir con facilidad el camino de una persona que ha pasado hace horas (a veces días) y que no ha dejado huellas visibles, o son capaces de olfatear cantidades minúsculas de drogas o explosivos bajo capas de envolturas o metidos en contendedores.

Su sentido del olfato es al menos cientos de veces mejor que el nuestro, y tal vez incluso más. El área que ocupa la nariz de un perro y detecta olores es unas catorce veces más grande que en nosotros, y la parte de su cerebro que procesa tal información es proporcionalmente mayor que la nuestra y está más desarrollada. Por consiguiente, los perros no sólo son más capaces de detectar olores, sino que también están más interesados en ellos.

En la naturaleza esto habría sido muy útil no sólo para la detección de animales de presa, sino también para el mantenimiento de los grupos sociales y la defensa del territorio. Determinar a qué distancia están amigos y enemigos también resulta muy útil. Conocer por el olfato el sexo, estado de salud, edad y estado reproductor ¡también evita multitud de preguntas!

Este asombroso sentido del olfato es un rasgo que han heredado nuestros perros mascota, y explica por qué les fascinan tanto los olores, y

Los perros pueden oír ultrasonidos, lo cual explica por qué aprenden a responder a los silbatos ultrasónicos que nosotros no podemos oír.

por qué recorren tan largas distancias para recabar información con el olfato. Al olisquear las farolas o al meter el morro en partes inconvenientes al investigar a gente nueva, los perros recaban información sobre su entorno que les puede ser útil más adelante, de forma muy parecida a como tú y yo buscamos claves sobre nuestro entorno usando la vista. Los cachorros a menudo te reconocerán al instante por el olfato, pero tardarán más en distinguirte por la vista.

Un oído asombroso

Los perros son más sensibles a los sonidos que nosotros. Sonidos que sólo percibimos a cierta distancia son detectados por los perros a una distancia cuatro veces superior. Por eso no es necesario gritarles.

También oyen sonidos de frecuencia más alta, lo cual significa que oyen ultrasonidos que nosotros no detectamos. En la naturaleza esto les permite localizar presas pequeñas, como

Campo auditivo

Además de oír sonidos más lejanos, los perros también oyen sonidos de frecuencia más alta, pudiendo detectar los ruidos que hacen animales de presa. El campo auditivo de los perros cubre entre 40 y 60.000 Hz, mientras que el del hombre abarca entre 20 y 20.000 Hz.

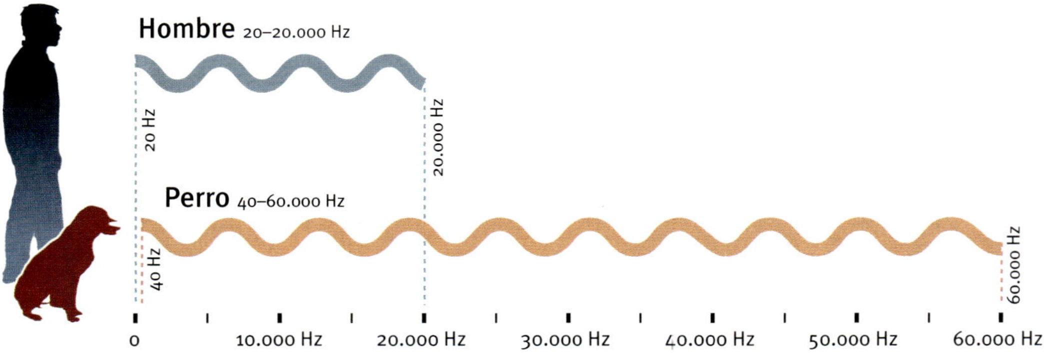

Cómo ven los perros el mundo

Los perros ven de modo distinto a nosotros. Tienen un campo visual más amplio, perciben detalles y texturas con menos claridad que nosotros y no distinguen el verde ni el rojo. Ven mejor con poca luz y son más sensibles al movimiento, pudiendo detectar las presas con más facilidad.

roedores, que se comunican con chillidos de frecuencia muy alta. Esta capacidad explica por qué responden a los silbatos caninos que nosotros no oímos.

Algunas razas caninas como los Collies, que se han criado para oír al pastor a mucha distancia, tienen un oído más sensible que otras. Esto explica por qué desarrollan fácilmente fobias a los truenos y las armas de fuego. Si estos sonidos nos parecen fuertes, imaginemos lo que le parecerá a un cachorro con oídos sensibles.

Una visión menos sensible a los detalles

Los perros ven peor que nosotros. Objetos intrincados que percibimos con todos sus detalles ellos los ven borrosos, y sólo reconocen la silueta y la forma, más que los detalles y la textura. No son daltónicos, pero no distinguen el rojo ni el verde, por lo que sólo ven amarillos, azules y tonos grises. Esto dificulta percibir ciertos objetos que nosotros vemos con claridad, como es una pelota roja en la hierba verde.

Los perros ven mejor de noche o con poca luz que los seres humanos porque la porción posterior de los ojos contiene una capa de células reflectoras que atrapa la luz que entra y les permite hacer un mejor uso de ella. Por eso pueden correr a gran velocidad durante los paseos invernales sin chocar con árboles ni vallas (y por eso sus ojos «brillan» cuando inciden sobre ellos los faros de un coche).

Los perros también son mucho más sensibles al movimiento que nosotros, sobre todo a ras del suelo. Nosotros distinguimos igualmente bien los objetos estáticos y en movimiento, mientras que los perros suelen ver mejor los objetos en

Espectro de colores visibles

Tal y como se ve en estos espectros visibles, los perros no distinguen el rojo ni el verde, por lo que su visión se limita a azules, amarillos y tonos grises. Es importante recordarlo cuando juegues con ellos con juguetes de color.

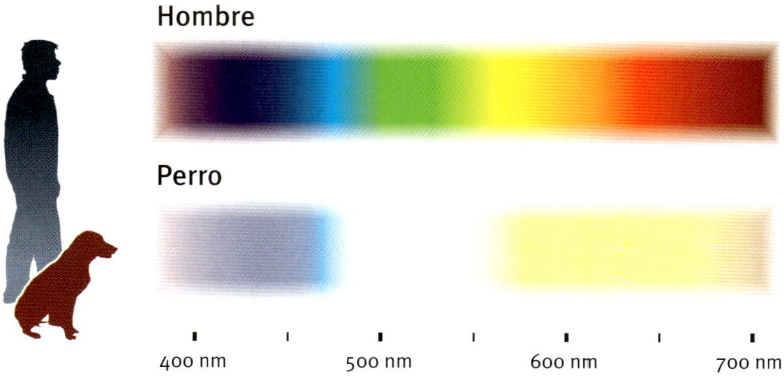

Lo que nosotros vemos (arriba) y lo que ven los perros (abajo). Distinguimos con claridad objetos verdes y rojos, mientras que los canes sólo los ven como variedades de amarillo y azul. El mundo que ven los perros es mucho menos colorido.

movimiento y no hacen caso a los estáticos. Esta sensibilidad significa que pueden detectar el más mínimo movimiento de nuestros cuerpos, y les permite anticiparse a nuestras acciones antes de que nos movamos deliberadamente.

Lenguaje corporal y lenguaje hablado

Los perros se comunican entre sí usando el lenguaje corporal. Esto implica adoptar posturas con la cola, las orejas, la posición del cuerpo, el contacto visual y la expresión facial. Los perros se intercambian mucha información de este modo, y de ese modo remplazan el lenguaje hablado del que nosotros dependemos.

En la naturaleza los perros necesitan vocalizar poco y por eso nuestras palabras les resultan difíciles de aprender. Esto explica por qué aprenden las señales corporales con más facilidad que las órdenes verbales.

Como los perros tienen un sistema de comunicación tan distinto al de los seres humanos, con frecuencia se producen problemas de comunicación al interactuar las dos especies. Los perros a menudo interpretan erróneamente nuestras intenciones y los seres humanos las de los perros, lo cual genera todo tipo de problemas. Para superar esta situación, tendrás que aprender a leer el lenguaje corporal de tu cachorro y discernir lo que le causa miedo, lo

Los perros aprenden con facilidad a leer nuestro lenguaje corporal porque ellos se comunican entre sí visualmente. Aprenderán los gestos y señales con mayor rapidez que nuestras órdenes verbales.

que lo hace infeliz, y cuándo está cansado o alegre. También hay que tener cuidado de enseñarle a responder a las órdenes verbales que quieras utilizar (véase la página 156).

Es posible asimismo mejorar la comunicación con nuestro cachorro usando posturas y señales corporales muy evidentes. Los cachorros las aprenderán mucho más fácilmente que las palabras y el adiestramiento será más rápido si las usamos (véase la página 168). Los cachorros aprenden algunas de nuestras posturas corporales sin entrenamiento, por ejemplo, mantenerte en pie sobre el cachorro en una postura envarada, sosteniendo la mirada con la boca tensa, revela una amenaza velada.

Tu cachorro te observará más de lo que piensas y aprenderá más a leer tus señales corporales que a escuchar lo que dices. A medida que adquiera experiencia, aprenderá con rapidez a interpretar tu estado de ánimo y sabrá lo que sientes, incluso sin que le digas nada. También aprenderá a responder a muchas de tus acciones que no es capaz de entender naturalmente, como agacharte y abrir los brazos como signo de bienvenida. Ayúdale al principio siendo constante con tus señales y haciendo evidentes tus deseos.

Lenguaje corporal ¿Qué está diciendo?

▷ **Mira lo fuerte que soy, ¡así que no me muerdas!** Este cachorro está envarado y preocupado. Mantiene el pelo erizado en toda la espalda y la cola en alto para parecer más grande. El otro cachorro se ha sentado y echa las orejas atrás porque también está preocupado.

△ **Estás muy por debajo de mí.** El perro adulto adopta una postura rígida con la cola en alto y mira hacia otro lado, manifestando que no quiere interactuar con este cachorro. El cachorro está confuso con dicha respuesta ante sus invitaciones a jugar y opta por una acción de diversión, rascándose para sentirse mejor.

¡Tengo miedo! Orejas retraídas, cuerpo y rostro tensos y la cola entre las patas manifiestan que este cachorro está angustiado. Las patas delanteras se inclinan hacia atrás cuando el peso se transfiere a las traseras, listo para huir si fuera necesario. Los cachorros que muestran estos signos necesitan ayuda y respaldo para superar sus miedos.

Relajado El cuerpo de este cachorro está relajado y laxo. Las orejas están echadas hacia delante y mueve suavemente la cola. Contrasta con el cuerpo y rostro tensos de los cachorros en las otras fotografías.

Intentando sentirse mejor Los cachorros a menudo se lamen el morro o bostezan cuando están preocupados o bajo presión. Este cachorro está tenso, pero todavía no siente bastante miedo como para retraer las orejas. Si continúa sintiendo preocupación, se levantará, porque es vulnerable en la posición de echado.

◁ **¡Juguemos!** Ambos perros se sienten cómodos en compañía y quieren jugar. Se invitan mutuamente a jugar flexionando las patas delanteras, apoyando los codos en el suelo y elevando el trasero. El labrador no se siente tan cómodo como el terrier y manifiesta su menor grado de confianza con el cuerpo tenso y la cola rígida.

△ **¿Qué pasa aquí?** El cachorro de labrador está ahora relajado y se muestra inquisitivo. Manifiesta su interés permaneciendo de pie sobre el cachorro de terrier, que sigue teniendo miedo. La cabeza gacha del terrier, sin mirar al labrador y con las orejas retraídas, revela su preocupación.

El contacto visual directo y una sonrisa que enseña los dientes son amenazantes para los perros y hacen que este cachorro aparte la mirada a pesar de la golosina que la mujer sostiene debajo de la barbilla.

Reconocimiento facial

Ciertas acciones del ser humano, como las miradas fijas y la sonrisa, se pueden interpretar erróneamente. Cuando el ser humano muestra los dientes es un signo de amistad, mientras que en la manada canina es una señal evidente de que un miembro puede morder y tal vez muerda si la provocación continúa.

Los perros recurren a menudo al contacto visual directo para amenazar a un congénere. Un perro adulto puede avisar a un cachorro travieso mirándolo fijamente; o un perro de rango superior, usando una mirada intensa, revelará a un subordinado que no debe seguir con su proceder. Los seres humanos manifiestan a menudo estas intenciones con una mirada de ferocidad, si bien el contacto visual es amistoso, por lo cual a menudo los seres humanos miran a sus perros con afecto y los ojos muy abiertos.

Los cachorros que se incorporan a una familia humana necesitan aprender la diferencia entre los dos tipos de contacto visual. Necesitan saber que si otro perro los mira fijamente en el parque puede acarrear problemas, mientras que, si un nuevo amigo humano los mira con intensidad, es señal de amistad. Este conocimiento se debe adquirir con toda naturalidad durante el proceso de socialización, aunque algunos cachorros tímidos necesitan ayuda adicional para aprender mediante mucho contacto visual con el dueño.

Boca en lugar de manos

Aunque parezca evidente, los perros no tienen manos y tienden a usar la boca para coger y explorar objetos. Los bigotes de los belfos ayudan al proceso de exploración. Las bases de los bigotes suministran información directamente al cerebro y son muy sensibles al tacto. Hasta que se acostumbran, a los cachorros no les gusta que los seres humanos toquen sus bigotes y apartan la cabeza si las manos se acercan demasiado a ellos.

CAPÍTULO 3

La nueva familia

El hogar en que se críe un cachorro tendrá un impacto significativo sobre su futuro carácter. Las personas que vivan en el hogar –sean jóvenes o adultos, felices o infelices, agresivos o tímidos– dejarán su impronta en el can. También influirá el que hayan tenido perros con anterioridad y si hay niños en la casa u otros perros o mascotas en la familia.

El perro, un reflejo de nosotros mismos

Si observas a un grupo de cachorros de diez meses y a sus dueños, resulta relativamente fácil saber a quién pertenece cada cachorro. Esto se debe a que los cachorros, cuando maduran, tienden a reflejar directamente el carácter de sus amos, posiblemente porque comparten las mismas experiencias emocionales. Las personas felices y cariñosas, por ejemplo, suelen tener cachorros felices y extrovertidos, mientras que la gente aburrida y desdichada tiende a tener cachorros reservados y apáticos.

Los niños también tienden a ser un reflejo de sus padres. Si durante las clases de adiestramiento los niños se sientan en silencio escuchando atentamente lo que dices, es muy posible que el cachorro también se comporte bien. Si los niños no obedecen a sus padres y no dejan de interrumpir, a pesar de decírseles lo contrario, es muy probable que el cachorro sea revoltoso y travieso. Esto se debe a que la gente tiende a criar a niños y perros del mismo modo que ellos fueron educados por sus padres. Las influencias que configuraron su carácter son similares a las que conformarán el carácter de los niños y el perro, por lo que es posible que sus conductas sean similares.

Piensa en cómo te educaron tus padres. Si te castigaban mucho de niño y te controlaban demasiado, piensa en qué efecto tendrá esto sobre el cachorro que vas a criar. Si te educaron para que fueras extrovertido y abierto, ¿cómo afectará esto a tu cachorro? ¿Estaban tus padres gritándote continuamente en un vano intento por que obedecieras, o asumían el mando con serenidad?

Fíjate en tu propia familia y tus hijos. ¿Manifiestas el temperamento que te gustaría ver en tu perro adulto? ¿Con qué rapidez te enfadas? ¿Qué grado de serenidad muestras? ¿Eres extrovertido y alegre, o eres tranquilo e

Criar juntos niños y un cachorro puede ser bueno para todos si les enseñamos educación y conductas aceptables.

Los cachorros asumirán muchos rasgos de nuestro temperamento al adaptarse a vivir con nosotros, siendo un reflejo de nosotros mismos y de nuestros hijos.

introvertido? Si sumas las características de tu familia a las de la raza del cachorro que has elegido, tendrás una buena predicción de lo que será el perro cuando llegue a adulto. Si tu predicción de las características futuras del cachorro no es el ideal que te gustaría ver, plantéate modificar su educación para que su desarrollo sea diferente.

Una vez seas consciente de que puedes elegir la forma de criar a tu cachorro –y de que no tienes que seguir el ejemplo que te dieron tus padres– resulta mucho más fácil decidir el modelo educativo. Si fuera necesario, observa los perros de otras personas y piensa si te gusta su carácter. Si es así, infórmate sobre cómo los criaron.

Debate el método de crianza con el resto de la familia para llegar a un acuerdo y dar los pasos necesarios para que de adulto tu perro tenga un temperamento que se acomode a todos.

Un solo dueño

Las situaciones en las que sólo hay una persona y un perro en el hogar suelen estrechar las relaciones entre ellos. Se invierte tanto afecto, tiempo y esfuerzo en la relación, que se llega a excluir a las demás personas. Así, a menudo se crían perros intolerantes con otras personas, sobre todo con las que se adentran en su territorio.

Además del aislamiento del mundo exterior, a menudo los dueños que viven solos conceden a sus perros privilegios que los dueños con familia están demasiado ocupados para otorgar. Como resultado, el cachorro crece pensando que comparte el mismo estatus que su dueño, lo cual, junto con la falta de socialización, deriva en una indeseable conducta agresiva de protección hacia el dueño.

Si vives solo, necesitarás trabajo adicional para socializar a tu cachorro. Deberás estar especialmente atento a no desarrollar una relación demasiado interdependiente y a evitar concederle demasiados privilegios.

Niños en la familia

Las familias con niños suelen ser animadas y bulliciosas, lo cual es bueno para la socialización. El lado negativo es que a menudo pasan demasiadas cosas como para prestar mucha atención a la educación del cachorro, y los dueños se dejan arrastrar por los acontecimientos para terminar dándose cuenta un día de que el cachorro ha crecido y se enfrentan a un perro adulto sin adiestrar y revoltoso.

En ocasiones los padres están demasiado ocupados para que el cachorro haga ejercicio, juegue y reciba adiestramiento, tareas que a menudo se dejan al cuidado de los niños. Si se les deja a su aire, los niños (especialmente los pequeños) pueden enseñar sin querer malos hábitos al cachorro. Si dejas que un cachorro juegue sin supervisión durante toda su infancia con varios niños jóvenes, terminarás teniendo un perro adulto que ha aprendido a perseguir a las personas, a saltar encima de ellas y a

Conocerse y adaptarse unos a otros es bueno para los niños y los cachorros.

mordisquearles piernas y brazos. La estimulación del movimiento y el deseo de unirse a los juegos de los niños es una conducta natural para el cachorro.

Un cachorro que aprende a divertirse persiguiendo animadamente a niños y mordisqueándoles los tobillos no verá nada anómalo en hacer esto de adulto. Los niños pueden pensar que es divertido mientras el cachorro es pequeño y tal vez le animen, pero ya no les parecerá tan gracioso cuando el perro adquiera su total desarrollo. Y peor aun, los niños en el parque que no conozcan a tu perro tal vez no se den cuenta de que quiere jugar cuando se les acerque brincando. No importa lo amistoso que se muestre tu perro, puede asustar lo suficiente a un niño como para que las autoridades crean que es peligroso y está fuera de control, lo cual puede terminar en un juzgado.

Si tienes hijos, asegúrate de que sólo enseñan al cachorro conductas correctas. Instruye a los niños sobre lo que tienen que hacer cuando el cachorro salte sobre ellos y tire y zarandee su ropa; enséñales a mostrar al cachorro lo que quieren y a iniciar juegos aceptables. Una discreta supervisión de sus actividades impedirá que cualquiera de ambas partes aprenda o haga cosas incorrectas.

Recuerda que los niños que empiezan a andar no controlan sus actos y pellizcarán, molestarán y tirarán cosas pudiendo herir al cachorro. Los cachorros, con sus dientes afilados como agujas, también pueden hacer daño y tendrás que estar ahí para intervenir si fuera necesario en nombre de cualquiera de ambas partes. Los niños más mayores pueden molestar o ser intencionadamente crueles, porque están en esa edad en que les gusta experimentar con cuanto les rodea. Los adolescentes suelen estar demasiado interesados en sus propias vidas como para mostrar algo más que un interés pasajero por un cachorro, y probablemente no sea acertado depender de ellos para dar al perro cuanto necesita. No obstante, todos los niños son capaces de manifestar amor y afecto a un cachorro, y a menudo son mejores compañeros de juego que los adultos si se les encamina en la dirección correcta. Premeditando cuidadosamente la situación, criar un cachorro con tus hijos puede y debería ser una experiencia placentera y un proceso educativo para ambos.

Parejas con un cachorro

Las parejas suelen cumplir bien su papel de padres de un cachorro. Si tienes pensado tener hijos en el futuro, asegúrate de socializar a tu cachorro con bebés y niños pequeños.

Otro perro en el hogar

Muchos dueños adquieren un cachorro para que haga compañía a otro perro que ya poseen, sobre todo si a lo largo del día pasan fuera mucho tiempo. A menos que adopten medidas para prevenirlo, esto puede hacer que el cachorro aprenda a relacionarse más con el otro perro que con sus dueños, para terminar teniendo un perro adulto cuya conducta es mucho menos que perfecta.

Un cachorro solo en una familia tendrá que aprender las costumbres de las personas, porque son su única compañía. Sin embargo, un cachorro que viva con otro perro en la casa contará con un amigo que habla su mismo lenguaje y juega a los mismos juegos. Por tanto, no tendrá mucha urgencia en aprender las costumbres de los seres humanos.

Es algo parecido a la seguridad que sentimos cuando viajamos a otro país con un amigo que habla su idioma. Nos suministra el contacto social que necesitamos y así no es tan importante arriesgarse y hablar con desconocidos con los que nos resulte difícil comunicarnos. Por eso, a menudo el cachorro preferirá estar con el otro perro a estar contigo.

A medida que el cachorro madure y adquiera más confianza, tendrá menos ganas de hacer lo que le dices y será más difícil vivir con él. Surgirán todo tipo de conflictos de control porque no existe una estrecha relación entre ambos. Por ejemplo, tal vez prefiera jugar con otros perros a jugar contigo en el parque, y no acudirá cuando lo llames o se largará a buscar otros perros con los que jugar.

Si tienes un perro más mayor en la familia, o si tienes dos cachorros de la misma camada, o si te encuentras regularmente (casi a diario) con otro dueño y su perro para que juegue tu cachorro, asegúrate de que se desarrolla una relación correcta entre cachorro y seres humanos. Es importante que pase más tiempo jugando contigo que jugando con otros perros. Podrá seguir jugando con ellos –algo importante para

Criar dos cachorros al mismo tiempo no es recomendable porque se necesita mucho tiempo y esfuerzo para prestarles la atención que se merecen.

su socialización–, pero el tiempo será limitado. Como la calidad del juego contigo no será tan buena como con los otros perros, intenta pasar al menos el triple de tiempo jugando con tu cachorro que el que pasa con otros canes. Si juega cinco minutos con otro perro, tendrás que jugar con él al menos 15 minutos en sesiones de cinco minutos.

Para conseguirlo, tendrás que apartarlos, interrumpir su juego cuando estés presente, y separar tu cachorro del otro perro si se los deja solos y juntos, sea durante el día cuando estés trabajando o por la noche. Lo mejor es una separación que permita el contacto visual entre ellos (en algunos casos una reja para escaleras cumple bien esta tarea siempre y cuando el perro más mayor no pueda saltarla). Esto les permite hacerse compañía, pero no pueden jugar a menos que estés allí para supervisar.

Cuando quieras pasar tiempo con tu cachorro, primero mantenlo confinado mientras juegas con el perro más mayor. Luego saca al perro de la habitación mientras prestas atención al cachorro. En caso contrario, el perro querrá unirse al juego, el cachorro intentará jugar con el más mayor, tú saldrás frustrado porque el cachorro no querrá jugar contigo y, al estar enfadado, el cachorro se volcará más en jugar con el otro perro y en alejarse de ti.

Mantener el control del contacto que tiene el cachorro con otros perros hasta que alcance la madurez y asegurarte de que pasa más tiempo con seres humanos que con otros perros le ayudará a crecer orientado hacia las personas. Será mucho más fácil adiestrarlo y vivir con él que con un perro que prefiera a otros perros. Habrás formado estrechos vínculos con él y el perro estará más unido a ti y al resto de las personas.

¿Dos de la misma camada?

Los criadores poco escrupulosos a menudo animan a los compradores a llevarse dos cachorros de la misma camada para así vender más. Ésta nunca es una buena idea. Los lazos que desarrollan entre sí –ya fuertes por ser hermanos– serán más estrechos que cualquier lazo que establezcan con sus dueños si se les deja jugar y tener continuo acceso el uno al otro.

Para impedirlo, tienes que sacar tiempo para dedicárselo a ambos cachorros, pero por separado, para jugar, adiestrarlos y que tengan

Los cachorros de la misma camada establecen lazos muy estrechos que dificultan establecer buenas relaciones con ellos.

El nuevo cachorro y el adulto se convertirán en buenos amigos si su relación se establece cuidadosamente.

compañía, tanto como darías a uno sólo. Por esta razón, no es aconsejable intentar criar simultáneamente dos cachorros de la misma edad. Es mejor criar un cachorro hasta que alcance la madurez social entre los 18 meses y los dos años, y luego introducir un segundo cachorro.

Otras mascotas

Tener otras mascotas en casa puede ayudar a socializar a tu cachorro con otras especies y brindarte la posibilidad de enseñarle a obedecer y a tener control en situaciones excitantes. Si se inicia el contacto de un cachorro joven con una mascota de otra especie mientras todavía es muy joven, lo normal es que la acepte como un miembro más de la familia. Es probable que tu perro criado con otras mascotas acepte la llegada de mascotas similares cuando sea adulto.

No obstante, el instinto cazador de los perros, el instinto de atrapar y matar animalitos de movimientos rápidos a veces es superior a sus fuerzas, y no debemos fiarnos ni dejarlos solos con especies pequeñas que sean una presa fácil.

Perros solos y juntos

- Es importante que tu cachorro aprenda a quedarse solo sin la compañía del otro perro (véase la página 154). También es buena idea sacar a pasear al cachorro sin el perro mayor. Así podrás dedicarle más atención y ganará confianza sin depender en todo momento del otro perro.
- Una vez se conozcan, no interfieras si el perro más mayor decide castigar al pequeño gruñendo, dando dentelladas al aire o reteniéndolo en la postura de sumisión, a menos, claro, que peligre la seguridad del cachorro. A veces el perro adulto necesitará decirle al cachorro que pare y se tumbe quieto. Si interfieres, estarás alterando el equilibrio natural entre ellos.

CAPÍTULO 4

Fases de desarrollo

Todos los cachorros siguen el mismo patrón de desarrollo y pasan por las mismas fases desde la infancia hasta la madurez. Es importante conocer esas fases de desarrollo y ser consciente de las respuestas de que es capaz tu cachorro en cualquier momento concreto de su vida. Por eso no debes esperar demasiado de ellos ni perder oportunidades en las fases críticas de su desarrollo.

La velocidad a la que progresan los cachorros varía: algunos pasan varias fases con rapidez, mientras que a otros les cuesta más de lo esperado. Por lo general, los cachorros de razas pequeñas se desarrollan con más rapidez, a menudo alcanzado la madurez antes de cumplir el año, mientras que otros tardan 18 meses en madurar totalmente. A continuación, mostramos una escala temporal a la que se suelen adaptar la mayoría de los cachorros.

Recién nacidos, 0 a 2 semanas

Durante esta corta fase el cachorro sobre todo duerme y mama. Sabe arrastrarse y buscará calor si tiene frío. Necesita a la madre para estimular la micción y defecación, lo cual consigue la madre lamiendo el área genital. Abre los ojos hacia los 10-14 días, pero su visión es deficiente las primeras semanas. Contacto físico cariñoso es cuanto necesita en este período.

Período de transición, 2 a 3 semanas

Empiezan a asomar los dientes. El cachorro aprende a caminar y a lamer líquidos. Los oídos se abren hacia el final de la tercera semana y el sentido del olfato comienza a funcionar. El cachorro desarrolla la capacidad de orinar y defecar solo.

Qué hacer: La responsabilidad de lo que les ocurre a los cachorros durante este período atañe al criador. Se sabe que los cachorros sometidos a cierto estrés durante este período son capaces de afrontar mejor otros tipos de estrés en el futuro. Coger a los cachorros en brazos a diario, observarlos y tal vez pesarlos constituye un estrés leve, y los cuidadores concienzudos no dejarán de realizar dicha tarea. Hay que coger en brazos al cachorro una vez al día y mantenerlo cuidadosamente en distintas posiciones.

Período de socialización, 3-12 semanas

Durante este período crítico es esencial una experiencia apropiada con seres humanos, otros perros y con el entorno para que el cachorro se convierta en un perro mascota bien adaptado. Este período se divide en tres fases.

Primera fase: semanas 3 a 5

A las tres o cuatro semanas la vista, el oído y el

2 semanas

3 semanas

5 semanas

olfato del cachorro se vuelven más eficaces. Comienza a comer alimentos sólidos, ladra, mueve la cola y juega a mordisquearse con otros cachorros. Cuando esté despierto, tratará de abandonar la zona en la que duerme para orinar.

A las cuatro a cinco semanas toca cosas con las patas, enseña los dientes, gruñe, persigue y juega a matar presas (zarandeando la cabeza). Comienza a llevar cosas en la boca. Los cachorros aprenden a inhibir los mordiscos durante el juego con sus hermanos de camada. Las madres comienzan a impedir que mamen a voluntad.

Segunda fase: semanas 5 a 8

Se aprecia expresividad en el rostro y las orejas, y se inicia el destete. Los cachorros adquieren el uso completo de ojos y oídos, y aumenta su coordinación. Se produce la participación en actividades en grupo con otros benjamines de la camada; los cachorros juegan entre sí. La séptima semana es el momento ideal para que los cachorros se vayan a su nuevo hogar. Al final de esta fase los cachorros comienzan a mostrarse más cautos, pero siguen siendo curiosos e investigarán cuanto se les presente.

Qué hacer: Durante las semanas tres a seis el cachorro permanecerá todavía con el criador. Debe haber una clara distinción entre las áreas de juego y la zona donde dormir para que los cachorros puedan abandonar la cama nido y hacer sus necesidades. Los cachorros criados en espacios muy reducidos, donde no hay distinción entre áreas, o donde no pueden abandonar la cama nido sin ayuda, no tendrán posibilidad de practicar una conducta apropiada para aliviarse. A los cachorros que se crían de este modo es difícil enseñarles a no hacer las necesidades en casa porque pierden la capacidad de diferenciar el área del nido y el área para aliviarse.

El ritmo de desarrollo mental de los cachorros dependerá ahora de la complejidad de su entorno. La presencia de distintos objetos (como cajas de cartón, un trozo grande de cuero, juguetes o un guante viejo) en la jaula de juegos aumentará dicha complejidad. También es útil contar con escalones anchos y bajos para que los cachorros practiquen el ponerse encima. Esto los ayudará más tarde a subir y bajar escaleras.

Durante este período se enfrentarán también a variedad de ruidos, sonidos y distintas superficies por las que andar. Esto es probable que ocurra sin más con cachorros criados en un hogar.

Los cachorros se tienen que ser aislados ocasionalmente de sus compañeros de camada y de su madre, y debe haber mucho contacto con personas, adultos y niños. Esto es especialmente importante en la semana final antes de que el cachorro parta a su nuevo hogar, y hay que prestar al menos cinco minutos diarios de atención individual a cada cachorro, sin importar de cuántos benjamines se componga la camada.

Durante las semanas seis a ocho el cachorro se debe acostumbrar a su nueva familia. La socialización continuará de forma natural mientras el cachorro experimenta la novedad de conocer su nueva casa. Hay que enseñarle a que no haga sus necesidades en casa en cuanto el cachorro ponga los pies en el nuevo hogar.

8 semanas

12 semanas

Tercera fase: semanas 8 a 12
El cachorro se dedica ahora a explorar lo que hay fuera de la cama nido. Sigue siendo muy dependiente de sus figuras de referencia y manifiesta un poderoso deseo de agradar y necesidad de contacto social. Los cachorros a esta edad sienten cada vez más miedo ante las novedades.

Qué hacer: Tu cachorro tiene que estar experimentado y disfrutando de gran variedad de situaciones y entornos (véase la página 54). Es un momento crítico para su socialización y debes poner todo de tu parte antes de que el miedo a las novedades supere su interés por las actividades novedosas. El juego es extremadamente importante y tu cachorro necesitará aprender los juegos humanos y reducir e inhibir sus ganas de jugar mordiendo (véase la página 96).

Período juvenil, de 3 a 6 meses

El cachorro todavía depende de su dueño. En las fases iniciales de este período los cachorros se suelen desvivir por agradar y harán todo lo que piensen que sus amos quieren que hagan.

Ahora son más conscientes de su entorno. Los cachorros comienzan a explorar alejándose un poco más, pero siempre se mantienen en el perímetro de seguridad de su dueño o del territorio familiar. Tienden a mordisquear y a llevarse cosas a la boca para facilitar la dentición y explorar mejor cuanto les rodea.

Qué hacer: Se debe realizar el adiestramiento y la enseñanza de normas de educación mientras el cachorro aumenta su capacidad para concentrarse y aprender. El deseo de complacer a esta edad se debe aprovechar al máximo, dado que el adiestramiento será más difícil cuando el cachorro se vuelva más independiente. Los juegos pueden aumentar en dificultad y usarse como recompensa al adiestramiento.

El cachorro debe experimentar desenvolviéndose en muy distintos entornos y circunstancias. La socialización debe continuar y desarrollarse mientras el cachorro aprende a afrontar nuevas situaciones.

Adolescencia, de 6 meses a 1 año/18 meses

Los cachorros se vuelven mucho más independientes en esta fase. Alcanzan la madurez sexual, las hembras entran en celo y sufren cambios asociados en su conducta, y los machos experimentan drásticas fluctuaciones en sus niveles de hormonas masculinas. La conducta mordedora sigue siendo prioritaria. Empieza a manifestarse la conducta territorial a medida que los cachorros se hacen más maduros.

6 meses

1 año

Qué hacer: Este es posiblemente el período más difícil, porque es cuando muchas personas arrojan la toalla y buscan otro dueño para su perro. Si has sentado unos cimientos sólidos hasta este punto, la adolescencia será menos molesta. Sin embargo, será un período en que tal vez te preguntes qué ha salido mal. ¡Intenta recordar que no es para siempre! (Véase el consejo de la página 196).

Madurez, 1 año/18 meses

Tu perro será ahora físicamente maduro, aunque todavía mostrará algunas redondeces en su cuerpo y su carácter seguirá en formación. Los adultos jóvenes tienen la confianza de la juventud, pero están faltos de experiencia.

Qué hacer: Hay que tener cuidado y refrenar el entusiasmo de su interés por el mundo mientras continúa aprendiendo nuevas experiencias. Sigue manteniendo el ritmo de adiestramiento y recurre al control físico si fuera necesario para apartarlo de situaciones peligrosas.

Madurez social, de 18 meses a 3 años y en adelante

Tu perro será ahora física y socialmente maduro. Su carácter está formado y habrá atemperado su entusiasmo inicial gracias a la experiencia que trae la madurez. Será un perro mascota experimentado conocedor de su papel en la vida y dispuesto a mostrar todo lo que se espera de él.

Qué hacer: Ya puedes relajarte; el trabajo está hecho. Hay que refinar y seguir con el adiestramiento, pero ahora debes tomártelo con calma y disfrutar del primero de muchos años que pasarás con un amigo sociable, adiestrado y equilibrado.

3 años

18 meses

CAPÍTULO 5

Convivir con un cachorro

Las primeras impresiones son las que cuentan, así que ten cuidado cuando el cachorro y tus hijos, u otros perros y mascotas se conozcan por primera vez. Se suele generar fuertes emociones cuando llega un cachorro a casa, sobre todo en lo que a los niños se refiere. Intenta difuminar las emociones cuanto sea posible y haz que el encuentro sea tranquilo, distrayendo la atención del resto de habitantes de la casa en cuanto la presentación haya concluido para dejar que el cachorro explore y su excitación se disipe.

La presentación de niños

Pide a tus hijos que estén sentados cuando el perro entre y ordénales que dejen que sea él quien se aproxime a ellos. Dales galletas para que se las den en la palma de la mano y el cachorro viva una primera experiencia buena. Comprar a los niños un juego o un juguete al mismo tiempo que llega el cachorro sirve de distracción y da al cachorro ese espacio que tanto necesita.

Resulta útil, sobre todo si tienes hijos pequeños, establecer la norma de no levantarlo

Enseñar a los niños a aproximarse con calma y tratar con cuidado al cachorro es esencial cuando se incorpore a su nuevo hogar, sobre todo si es un poco tímido.

El cachorro está un poco intimidado en su primer encuentro con este perro grandote. La aproximación relajada del adulto nos indica que todo irá bien una vez que se conozcan.

del suelo. Esto le permitirá aprender que los niños son amigos y que es agradable estar con ellos. No aprenderá eso si lo levantan del suelo en cada encuentro. También debe ser la norma no distraer al cachorro cuando esté durmiendo porque es fácil que se vuelva irritable.

La presentación de otros perros

Se suelen producir agresiones a cachorros porque un perro mayor se asusta con la aproximación a la carrera de un cachorro que se mete entre sus patas. Si es probable que al perro más mayor no le guste, lleva una correa y un arnés para evitar que el cachorro se acerque demasiado o con rapidez, y haz que el encuentro sea breve y agradable hasta que los dos perros se conozcan y acepten.

Si encuentras un lugar adecuado, lo mejor es que el primer encuentro se produzca lejos de casa, durante un paseo. El perro debe hacer bastante ejercicio de camino a recoger el cachorro, y hay que mantenerlos separados en el coche. De camino a casa, llévalos a esa nueva área, algún sitio en que tu perro no haya estado antes y apartado de los lugares en los que suela haber canes (porque el cachorro todavía no está totalmente protegido por la vacunación). Sigue andando lentamente e intenta no interferir mucho, pero reteniéndolos si alguno de ellos no se muestra cómodo con la situación. Distracciones como olores o imágenes interesantes rebajarán la intensidad del encuentro, y es menos probable que los perros se preocupen con estas novedades que si estuvieran parados.

Cuando llegues a casa, repite el procedimiento en el jardín, dejando que sea el cachorro el que pise primero el césped. A

Gatos y cachorros necesitan una cuidadosa presentación, reteniendo al perro y dejando a los gatos que se pongan en alto si lo desean.

continuación deja que el cachorro entre en casa, y más tarde trae el perro más mayor. Deberás haber recogido de antemano todos los juguetes, huesos, escudillas, yacijas y mantas. Mantén un ambiente distendido y tranquilo y no quieras interferir mucho. Si te preocupa que el perro ataque al cachorro, mételo en una jaula de juegos o usa una reja para escaleras para que ambos se puedan estudiar sin peligro.

Cuando se hayan calmado, vuelve a sacar yacijas y mantas, pero no saques durante unos días los juguetes ni los huesos. Intenta prestar más atención y afecto al perro mayor, y recuerda a los niños que hagan lo mismo.

La presentación de gatos

Por lo general, el primer encuentro de gatos y cachorros muy pequeños se suele producir sin incidentes. Al presentar el cachorro a un gato adulto, mantén cogido al perro, nunca al gato. Si tienes un gato que se defiende, lo más probable es que bufe y escupa al ver al cachorro y que éste retroceda. Si tu gato es de los que huyen al ver a un perro, prepárate para sujetar al cachorro y distraerlo para que no caiga en la tentación de perseguirlo.

Durante el primer año de vida del cachorro, asegúrate de que nunca persiga al gato. Sigue reteniéndolo hasta que el gato se acostumbre a su presencia y el cachorro haya aprendido que no se puede perseguir al gato. Cuando no estés en casa para supervisar, mantén el cachorro en la jaula de juegos (véase la página 45) o recurre a una reja para escaleras de modo que el gato pueda permanecer lejos de esta área si lo desea.

Tal vez surjan problemas más tarde cuando el cachorro gane confianza. A menudo tratará de acercarse al gato dando saltos, por haber aprendido que esto provoca que el gato salga corriendo. Si ves que esto empieza a pasar, detén al cachorro y ofrécele a cambio otro juego o un juguete. Así le enseñarás que no se juega con gatos y que, por el contrario, los seres humanos sí están dispuestos a jugar con él. Si fuera necesario, ponle una correa y ásela para impedir que el cachorro persiga al gato cuando le veas a punto de hacerlo, y luego distráelo con un juguete. También es útil que el gato disponga de muchos sitios a los que encaramarse dentro de casa para ponerse a salvo sin tener que salir corriendo.

La primera noche

Es útil que el cachorro se canse y tenga sueño antes de ponerlo a dormir. Si ha tenido un largo viaje y ha pasado todo el día con su nueva familia, lo más seguro es que esté cansado. Jugar con él ayudará a que gaste sus últimas energías; también servirá darle una comida caliente. Acuérdate de sacarlo a que haga sus necesidades una última vez antes de ponerlo a dormir.

Antes de recoger el cachorro en la granja o de que te lo entregue el criador, lleva una mantita unos días antes para que lo echen con ella en la cama nido donde duerma con su madre y hermanos (se ensuciará mucho y olerá a rayos). Recógela cuando vayas a buscar el cachorro y métela en una bolsa de plástico. Cuando el cachorro se vaya a dormir por la noche, envuelve con esta manta una botella de agua caliente y ponlo todo en la yacija del cachorro; le dará mucha seguridad y se sentirá muy a gusto porque el olor le resultará familiar.

Hay diversas opiniones sobre cómo tratar al cachorro la primera noche en su nueva casa. Los

Mantener al principio al cachorro cerca de ti por la noche permite empezar a enseñarle el control de los esfínteres y previene pasar noches en tensión y sin dormir.

cachorros gimen o lloran cuando se los separa de sus madres y hermanos. Estar aislado no es un estado natural para los animales que viven en manadas, y mi opinión es que deben aprender gradualmente a estar solos. Durante las primeras noches llévalo a tu habitación y déjalo dormir sobre una manta dentro de una caja de cartón de paredes altas para que no pueda escapar. Si gime, se le puede tranquilizar con unas caricias o unas palabras suaves. No le prestes demasiada atención ni respondas siempre que se inquiete.

Si se despierta, llora en voz alta e intenta salir de la yacija en mitad de la noche, lo más probable es que necesite orinar. Levántate (aunque sean las tres de la mañana y esté lloviendo) y sácalo rápidamente al jardín. Elógialo si hace sus necesidades y devuélvelo a su caja hasta que sea la hora de levantarse (véanse en la página 70 los procedimientos para enseñarle a no hacer las necesidades en casa).

Pasadas las primeras noches, el cachorro se habrá acostumbrado a su nuevo hogar y a no estar con su madre y hermanos. También se

Dejar el cachorro en una jaula de juegos mientras estás ocupado y no puedes vigilarlo evita que adquiera malos hábitos.

Comprueba que el cachorro tenga muchas cosas con las que entretenerse en la jaula de juegos y no lo dejes allí demasiado tiempo.

acostumbrará a estar solo durante el día (véase la página 154). Por consiguiente, al final de la primera semana en casa debe estar listo para dormir solo por las noches. Tal vez esté un poco desubicado las primeras noches en su nuevo dormitorio, pero no acudas si aúlla o gime cuando cierres la puerta. Antes de dejarlo por la noche, ponle debajo una sábana de polietileno cubierta con hojas de periódico por si ocurren accidentes.

Algunos cachorros no querrán salir a hacer sus necesidades por la noche ni despertarse, y armarán camorra cuando trates de sacarlos. Si eso ocurre, vale la pena llevarlo hasta el jardín y dejarle salir en vez de obligarlo a andar por el suelo. No le prestes ninguna atención mientras hagas esto; sólo estás ahí para abrirle la puerta y acompañarlo fuera. De lo contrario, comenzará a llorar siempre que se despierte y se encuentre solo. Únicamente cuando el cachorro haya orinado fuera, le prestarás atención y lo elogiarás por haber hecho lo correcto.

La jaula de juegos

Si llevas una vida muy ocupada, la jaula de juegos es una pieza esencial para criar un cachorro educado. No sólo te permite relajarte y olvidarte del cachorro algunos ratos –algo esencial para no agotarte ni enfadarte con él–, sino que también le enseña cierto autocontrol. Los perros que viven en hogares deben aprender a tumbarse y relajarse cuando nadie quiere jugar con ellos ni prestarles atención. Como en la jaula tienen limitadas opciones de diversión, aprenden rápidamente a calmarse.

Igualmente importante es el papel de la jaula de juegos para evitar que los cachorros se metan en problemas mientras sus dueños hacen otras cosas. Los cachorros pueden aprender muchos malos hábitos si vagan a sus anchas por la casa y sin vigilancia, como mordisquear los cables eléctricos o los cordones de los zapatos, o robar galletas de la mesa de café, sobre todo si están sueltos cuando no hay nadie en casa. Como no estás allí para vigilarlos, las malas conductas no reciben corrección y se favorecen costumbres que no deseas.

Una forma sencilla de evitarlo es construir una jaula de juegos. Puede ser todo lo grande que quieras, pero debe contar por lo menos con un área para dormir y otra, cubierta con papeles de periódico, donde el cachorro pueda jugar, moverse y hacer sus necesidades si tuviera una urgencia.

Esto se consigue construyendo algún tipo de barricada en una esquina de la habitación. Asegúrate de que las particiones son seguras y no se pueden derrumbar sobre el cachorro ni este quedar atrapado si intenta escapar. Como alternativa, puedes comprar una jaula específica para este fin, a menudo fabricada con paneles que se ensamblan. Se puede encargar en tiendas de mascotas. Para algunos cachorros, necesitarás una puerta que evite que escapen cuando crezcan.

El mejor lugar para la jaula de juegos suele ser la cocina. En la mayoría de los hogares es un lugar de paso y un punto de reunión para la gente, y siempre suelen ocurrir cosas interesantes. Así el cachorro se acostumbra a muchas imágenes, sonidos y olores desde la seguridad de su jaula. Además, las cocinas suelen contar con un suelo muy sufrido que se puede lavar, lo cual es útil mientras aprende a controlar sus esfínteres. Si la cocina es pequeña, es preferible que el cachorro tenga una jaula más pequeña a ponerlo en una jaula grande en una habitación poco frecuentada.

Pon su yacija dentro de la jaula de juegos con uno o dos juguetes para morder. Podrás dejarlo allí siempre que tengas que ausentarte o cuando no puedas prestarle atención. Cuando le dejes salir, estarás ahí para enseñarle lo que está bien y lo que está mal. El proceso de adiestramiento es mucho más rápido así porque el cachorro nunca recibe recompensas por una conducta inaceptable, de modo que aprende rápidamente a mostrar sólo la conducta que deseas. Esto resulta más agradable para el cachorro y más fácil para ti. Una vez que el cachorro distinga lo bueno de lo malo y se comporte bien en casa (incluso solo), podrás desechar la jaula.

No debe ser un castigo

No uses la jaula de juegos como una prisión cuando el cachorro haya hecho algo malo. Si hace algo que no te gusta, basta con corregirlo, enseñarle lo que quieres que haga y elogiarlo por ser bueno. La jaula no se debe asociar con el castigo. Habla con frecuencia al cachorro cuando esté en la jaula y, si es lo bastante grande, juego con él dentro para que le guste estar allí.

No tengas mucho tiempo al cachorro en la jaula. Su misión es proporcionar un lugar seguro donde permanezca el cachorro mientras estás haciendo otras cosas. Se le concederá todo el tiempo y la atención que se pueda desde fuera de la jaula, y nunca permanecerá allí más de dos horas, ni, por supuesto, todo el día.

Introducir la jaula de juegos

Si le ofreces la jaula cuando es muy pequeño, el cachorro la aceptará como parte de su vida. Anímalo a entrar corriendo con él hacia la jaula y arroja galletas dentro a través de la puerta. Cierra suavemente la puerta detrás de él mientras busca y se come las galletas para perros.

Si tienes un cachorro más mayor, empieza por dejar la puerta abierta, mete dentro su yacija y anímalo a entrar y a descansar dentro cuando esté cansado. Échale dentro galletas y juguetes, alábalo y juega con él siempre que se meta voluntariamente. Es mucho mejor si el cachorro se mete por voluntad propia que si se le obliga siempre a ello. Pasados unos días, cuando esté contento de entrar, podrás empezar a confinarlo siempre que tengas necesidad.

Ladridos en la jaula

Los ladridos dentro de la jaula de juegos son un

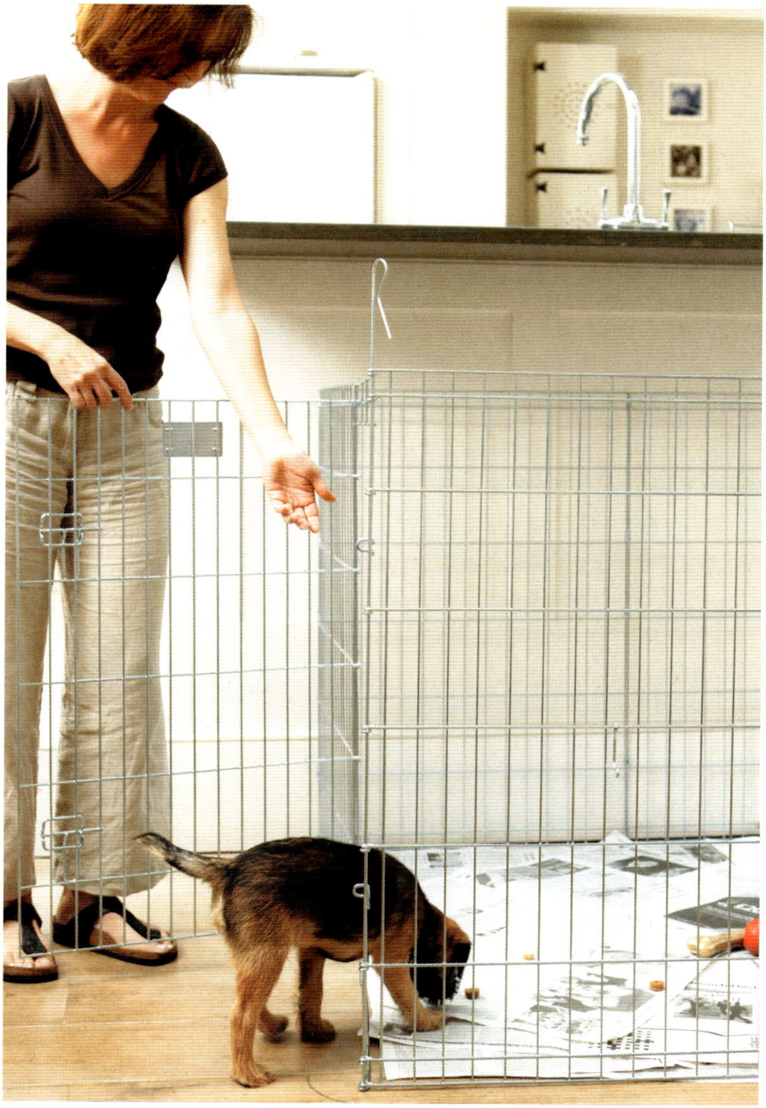

Invita al cachorro a entrar en la jaula de juegos dejándole dentro algunas sabrosas galletas para que las encuentre.

signo de que lleva dentro demasiado tiempo. Bajo ningún concepto saques de inmediato al cachorro; hazle callar, háblale y mírale con firmeza si ladra o gime. No le prestes ninguna atención hasta que se calme. Si lo hicieras, estarías reforzando esa conducta y aprendería con rapidez que ladrando recupera su libertad.

Cuando lleve tranquilo unos minutos, déjale salir a hacer sus necesidades y a jugar, pero siempre debe ser tuya la decisión, no suya. La única posible excepción es si crees que quiere hacer sus necesidades y está pidiendo salir fuera. En ese caso espera a que deje de ladrar o gemir y luego hazle salir con rapidez. En el resto de los casos la norma debe ser que sólo salga de la jaula cuando se haya portado bien.

Un refugio de los niños

Si tienes niños pequeños, el cachorro se puede excitar en exceso fácilmente y las sesiones de juego se te pueden ir de las manos. Usar una jaula de juegos significa que cuando el cachorro salga fuera estarás ahí para supervisar, enseñarle juegos «buenos» y evitar que muerda a nadie.

Una caseta de interior puede ser un refugio seguro para el cachorro si le recuerda una guarida, pero deja siempre la puerta abierta.

Una jaula de juegos también garantiza que los niños no molesten al cachorro ni le enseñen malos hábitos, y es un buen medio para enseñarle a no perseguir a niños que corren.

Los cachorros necesitan dormir mucho, sobre todo cuando son pequeños; por eso un cachorro estimulado o excitado en exceso y agotado se puede mostrar fácilmente irritable y propenso a morder. Un uso juicioso de la jaula evitará estas situaciones. Se puede meter para que descanse periódicamente, y, una vez que haya aprendido que no puede salir a jugar, se calmará y echará a dormir.

El cachorro también necesita aprender que no puede participar en todos los juegos de los niños y que, en ocasiones, debe sentarse tranquilamente mientras ellos juegan. La jaula de juegos es un medio ideal para conseguirlo. Algunos cachorros querrán meterse en la jaula a descansar cuando estén cansados y los niños les superen. Deja la jaula abierta, si es posible, y asegúrate de que los niños saben que la jaula está vedada.

Una caseta de interior

Si no tienes espacio suficiente para una jaula de juegos, o si no puedes construirla, una alternativa es usar una caseta de interior o una jaula de viaje. Consiste en una jaula de malla de pequeñas dimensiones (lo más grande posible o al menos lo suficiente como para que se ponga de pie, se tumbe y pueda darse la vuelta cómodamente cuando haya crecido).

La gran desventaja es que no hay sitio para que el cachorro haga sus necesidades, y tampoco puede hacer ejercicio ni explorar. Esto significa que no podrás dejarlo dentro más de una hora, por lo que su uso es limitado. No obstante, una caseta de interior es mejor que nada para confinar a tu cachorro mientras estás haciendo otra cosa. Ten cuidado con el tiempo que pasa dentro el cachorro; asegúrate de que tiene juguetes para morder y divertirse, y no lo metas a menos que esté cansado, con sueño, y haya hecho sus necesidades hace poco.

El uso de una reja de escaleras

Su empleo resulta útil, sobre todo si tienes hijos pequeños. Se usa cuando no quieres que el cachorro esté en la misma habitación que tú, por

Una reja para escaleras impide que el cachorro salga de la habitación, pero no que vea cuanto ocurra fuera.

ejemplo, si estás jugando con tu bebé en el suelo o tienes una visita importante a la que quieres prestar toda tu atención. El cachorro puede seguir gozando de tu compañía, pero se mantiene separado de cuanto sucede, dejándolo detrás de la reja colocada en el marco de la puerta.

Establecimiento de una rutina

Es importante dotar a tu cachorro de una rutina. Se adaptará con más facilidad a la vida en tu hogar si hay orden en su vida durante las primeras semanas. Llevar una rutina también te facilitará las cosas, porque así podrás realizar las faenas diarias, como enseñarle el control de los esfínteres, sin tener que pensar mucho en ello. Contar con un horario escrito garantiza que, en un hogar bullicioso, no se olviden las necesidades de tu cachorro.

Dar de comer al cachorro a horas fijas facilita que aprenda a hacer las necesidades fuera de casa.

RUTINA DIARIA SUGERIDA

MAÑANA	
8 a.m.	Despertar; salir a hacer necesidades; pequeña sesión de juego
8.30–9 a.m.	Desayuno de la familia y del cachorro
9.15 a.m.	Salida a hacer sus necesidades; pequeña sesión de juego; período de descanso
10 a.m.	Salida a hacer sus necesidades; pequeña sesión de juego/adiestramiento; período de descanso
11 a.m.	Salida a hacer sus necesidades; período de socialización
MEDIODÍA-TARDE	
12 p.m.	Salida a hacer sus necesidades; comida de la familia
1 p.m.	Segunda comida del cachorro
1.15 p.m.	Salida a hacer sus necesidades; período de descanso
2 p.m.	Salida a hacer sus necesidades; pequeña sesión de juego; período de descanso
3 p.m.	Salida a hacer sus necesidades; libertad supervisada por la casa/tiempo de juego
4 p.m.	Salida a hacer sus necesidades; período de descanso
5 p.m.	Tercera comida del cachorro
5.15 p.m.	Salida a hacer sus necesidades; período de descanso
TARDE-NOCHE	
6 p.m.	Sesión de juego/adiestramiento; salida a hacer sus necesidades
7 p.m.	Cena de la familia; período de descanso
8 p.m.	Salida a hacer sus necesidades; tiempo de socialización; sesión de manipulación/cepillado
9 p.m.	Cuarta comida del cachorro
9.15 p.m.	Salida a hacer sus necesidades; sesión de juego/adiestramiento; libertad supervisada por la casa
10 p.m.	Salida a hacer sus necesidades; sesión de juegos vigorosos
11 p.m.	Salida a hacer sus necesidades; a la cama

Sacar al cachorro regularmente al jardín es esencial para que aprenda a ser limpio dentro de casa.

La rutina propuesta es para un cachorro muy pequeño. Tal vez este horario no se ajuste a tu casa ni a tu cachorro, pero te debería dar algunas ideas para diseñar uno propio. La rutina sirve de base para lo que sucede a diario. Es flexible, para poder llevar tu vida, pero se debe seguir en lo posible para que aprenda a hacer sus necesidades fuera de casa y sepa sus horas de comida, además de brindarte tiempo para hacer las cosas esenciales como jugar, la socialización y el aseo. El horario tal vez parezca complicado y pienses que exige mucho tiempo, pero te facilitará las cosas a largo plazo. Por ejemplo, tal vez parezca innecesario sacar cada hora al cachorro a hacer sus necesidades; sin embargo, sacarlo con regularidad es más sencillo que limpiar sus deposiciones, y el cachorro aprenderá este hábito en mucho menos tiempo.

Introducción del collar y la correa

Cuando el cachorro lleve varios días adaptándose al hogar, habrá llegado el momento de que se acostumbre a llevar collar. Compra un

Al cachorro el collar le resultará extraño al principio, pero pronto se acostumbrará.

collar de tamaño adecuado a su corpulencia (nunca un collar de ahorcamiento). Tiene que haber suficiente espacio como para poder meter dos dedos entre el collar y el cuello.

Ponle el collar justo antes de que suceda algo que le guste, por ejemplo, antes de ponerte a jugar con él, antes de sacarlo a pasear o darle de comer. Probablemente intente arrancárselo con las patas. No hagas caso y elógialo en cuanto deje de hacer esfuerzos por quitárselo. Un momento después distrae su atención del collar con otra cosa y quítaselo para volvérselo a poner más tarde.

Después de hacer esto varios días, se acostumbrará al collar y comenzará a no hacerle caso. Entonces se lo podrás dejar puesto todo el tiempo. Los cachorros se extravían con facilidad, así que ponle una placa de identificación.

Recuerda que los cachorros crecen a gran velocidad, por lo que comprueba cada pocos días que no le aprieta demasiado.

Más adelante, cuando el cachorro se acostumbre a que lo cojan y sujeten, haz que se acostumbre a que lo retengan suavemente por el collar. Al principio, retén su cuerpo con la mano libre para impedir que se gire, trate de desasirse y te retuerza los dedos metidos en el collar. No hagas caso de sus esfuerzos, y elógialo cuando se quede quieto. Si lo retienes suavemente y con firmeza, pronto aprenderá que no debe liberarse cuando se le ase por el collar, y lo aceptará.

Cuando se acostumbre a que lo retengan por el collar, ponle una correa y deja que la arrastre en algunas sesiones de juego hasta que no haga caso de su presencia. Agarra en ocasiones la correa por el asa, pero mantente quieto cuando lo hagas. El cachorro necesita aprender que, cuando lleva la correa puesta está atado a su dueño y ya no puede ir donde quiera. Cuando el cachorro haya aceptado esta sujeción, elógialo y déjalo de nuevo en libertad.

Enseñar al cachorro a que lo sujeten y retengan por el collar es importante como paso previo para ponerle la correa.

CAPÍTULO 6
Socialización

Una de las cosas más importantes que le sucede a un cachorro a edad temprana es la socialización con las distintas criaturas con las que convivirá en el futuro, así como la habituación a los ruidos, olores, imágenes y experiencias de su nuevo mundo. Los cachorros que crecen sin estas buenas experiencias viven con miedo, son cautelosos y propensos a mostrarse agresivos. Los cachorros que viven muchas buenas experiencias con cuanto les rodeará en el futuro, crecen siendo confiados y felices. El consejo que damos en este capítulo es probablemente el más importante de este libro si quieres que tu cachorro crezca siendo amistoso y bien adaptado. Para facilitar la comprensión de este capítulo, el término «socialización» se usa tanto para referirse a la socialización (acostumbrarse a los seres vivos del mundo) como a la habituación (acostumbrarse a los elementos inertes del mundo).

Punto clave

- Aunque no hagas nada más, debes encontrar tiempo para la socialización de tu cachorro. No es difícil, pero se debe hacer de inmediato, mientras el cachorro todavía es pequeño; no mañana ni pasado mañana, sino hoy. La socialización es probablemente el factor más importante para el futuro bienestar de tu perro y para conseguir un can amistoso y equilibrado.

Duración de la vida

Los cachorros tardan poco en crecer si se los compara con los seres humanos. Cada una de las preciosas semanas que dura la infancia de un cachorro equivale aproximadamente a cinco meses de una persona, por lo cual se deben dedicar mucho tiempo y esfuerzos durante el primer año de vida del cachorro para asegurarse de que se cría correctamente.

La vida en la naturaleza

En la naturaleza, los cachorros aprenden a asimilar más rápido su entorno si no tienen miedo, y les resulta normal no asustarse mientras siguen bajo la protección de su madre y los otros miembros de la manada, porque se ponen a explorar con facilidad. A medida que los cachorros maduran y vagabundean para explorar por su propia cuenta, es importante que sean prudentes ante situaciones y objetos con los que no se hayan familiarizado de pequeños. Los perros domésticos han heredado en mayor o menor medida, dependiendo de la raza, este retraso en la aparición del miedo ante nuevas experiencias; y a medida que se hacen mayores, los cachorros se vuelven más cautelosos. Cualquier cosa con la que no se hayan encontrado antes la afrontarán con sospecha y recelo.

Cuándo empezar a socializarlo

Una de las principales diferencias entre los seres humanos y los perros es la distinta velocidad a la que crecen. Un ser humano tarda aproximadamente 18 a 21 años en madurar (¡aunque sé que se tarda más!), mientras que los perros maduran en aproximadamente un año o un año y medio. Una semana de nuestra infancia es un período relativamente corto, mientras que para un cachorro representa una gran proporción de su infancia.

Los cachorros muy pequeños viven las experiencias nuevas sin miedo. A medida que crecen, los cachorros se van volviendo recelosos ante los nuevos encuentros y, a las 16 semanas, la ventana de las oportunidades se cierra a medida que el miedo comienza a superar el deseo de aproximación. Es importante, por tanto, que aproveches su más tierna infancia para ofrecerle el máximo posible de buenas experiencias. Las impresiones profundas y duraderas se forman a esta edad, y el perro recordará de por vida si fueron buenas o malas.

La socialización debe ser un proceso continuo hasta llegar a la madurez, y los esfuerzos concentrados se deben hacer hasta esa edad. Cuantas más experiencias nuevas y más encuentros agradables tenga el cachorro mientras crece, más probable será que madure hasta convertirse en un adulto capaz de afrontar nuevas experiencias sin miedo. La socialización se torna cada vez más difícil a medida que el cachorro crece, pero todavía vale la pena intentarlo. Los cachorros que no se han sometido desde edad temprana a la socialización necesitarán un esfuerzo extra para ponerse al día, pero tendrás que actuar con lentitud y paciencia mientras superan sus miedos.

El papel del criador

Llegado el momento en que se ha destetado al cachorro y está listo para abandonar a su madre, ya ha transcurrido casi la mitad del período en que se mantiene abierta la ventana de las oportunidades, por lo que el proceso de socialización debe comenzar en seguida. Cuando el cachorro está listo para ir a su nuevo hogar a las seis a ocho semanas, casi ha transcurrido un mes de su período de socialización primaria. Por tanto, es responsabilidad del criador garantizar que ha tenido contacto humano y se ha socializado durante ese período. Esa es la razón por la que debes hacer una cuidadosa selección del origen del cachorro (véase la página 15). Si tu cachorro procede de un criador que no ha hecho esta labor adecuadamente, tendrás que recuperar el tiempo perdido y trabajar muy duro con su programa de socialización.

Vacunación frente a socialización

La edad habitual para las vacunaciones es entre las ocho y doce primeras semanas de vida (a veces también a las dieciséis semanas), pero los cachorros pueden ser vacunados ahora a las seis semanas con una posibilidad razonable de éxito. Hasta que la vacuna cumpla su función, tu cachorro correrá riesgo de contraer enfermedades contagiadas por otros perros.

Se recomienda una temprana vacunación, porque los beneficios de una pronta socialización son enormes. Habla con tu veterinario sobre las posibles opciones. Su conocimiento de las últimas vacunas y las enfermedades locales te permitirá tomar una decisión informada. Mi parecer es que se necesita un compromiso entre la protección física y la salud mental. Una temprana vacunación a las seis semanas te permitirá proteger al cachorro antes de que las vacunas posteriores surtan efecto.

Sacar a pasear al cachorro, pero tomando precauciones razonables para que no se exponga a enfermedades, te permitirá socializarlo antes de estar totalmente protegido. A menos que sea muy grande y pesado, llevarlo en brazos a ver mundo es una opción preferible a tenerlo siempre en casa. Déjalo en el suelo en lugares donde otros perros no hayan hecho sus necesidades, mantenlo alejado de perros no vacunados y bríndale la oportunidad de ver todo el mundo posible a esa temprana edad. De lo contrario, perderás semanas de socialización vital, lo cual podría marcar la diferencia entre un perro adulto tímido y receloso y otro equilibrado y amistoso.

Cómo conseguir una socialización con éxito

Intenta conseguir que cada encuentro sea una experiencia feliz y positiva. Asegúrate de que la cola del cachorro está relajada y se mueve. Si avanza, disfruta de la experiencia y se divierte, estará memorizando esos buenos encuentros para el futuro y aprenderá a sentirse cómodo y seguro en su mundo.

El secreto de una buena socialización consiste en intentar mirar el mundo desde el punto de vista del cachorro. Intenta imaginar lo que es ser pequeño y vulnerable y contar con conocimientos tan limitados del mundo. No lo abrumes con demasiadas experiencias; empieza con encuentros cortos y ve aumentando el tiempo lentamente hasta que experimente más y más encuentros. Asegúrate de que goza de todas las experiencias, jugando con él y hablándole alegremente, para que sepa que no hay nada que temer. Su curiosidad natural le hará investigar situaciones nuevas y, siempre que evites que sienta temor, adquirirá cada vez más confianza y experiencia.

Intenta prever las situaciones para protegerlo de experiencias desagradables o que puedan

Conocer a niños de todas las edades y vivir experiencias placenteras con ellos es una socialización esencial para tu joven cachorro.

Llevar en brazos a tu cachorro por el mundo exterior le permitirá experimentar situaciones nuevas desde una posición ventajosa y segura.

asustarlo. Necesitarás pensar en cómo ve las situaciones y, si fuera necesario, modificar su experiencia para que no adquiera miedos. Una cuidadosa observación de las reacciones de tu cachorro te ayudará a determinar si está receloso o tiene miedo. Fíjate en las orejas, la cola y la postura corporal. ¿Está tenso e intenta hacerse más pequeño encogiéndose y agachando la cola y las orejas? Algunos cachorros no mostrarán esos signos tan evidentes, pero intentarán escapar del origen de su miedo. ¿Tira para alejarse, pero lo retiene la correa? Mediante la cuidadosa observación de tu cachorro, podrás saber lo que siente e introducir cambios si crees que la situación lo supera o le da miedo.

Es importante dejar que el cachorro se tome su tiempo. No recurras a la correa para arrastrarlo y llevarlo delante de personas o situaciones nuevas. Alivia la presión hablando a esas personas un poco y deja que sea él quien haga avances cuando lo desee. Los juegos con juguetes o darle galletas ayudan a acelerar el proceso y permiten al cachorro sentirse como en casa ante una situación nueva. Da a las visitas galletas para que se las den, o haz que le ofrezcan jugar con un juguete, y así lo más probable es que las acepte con más presteza. Si tu cachorro no juega ni quiere comer en una situación nueva, probablemente esté experimentando demasiada ansiedad y tendrás que hacer algo para mitigarla. Si está en el límite de lo que puede afrontar, jugar con él o darle algo de comer puede ayudar a que se relaje.

Si tu cachorro muestra signos de aprensión o

Entablar amistad con extraños es importante para el equilibrio del cachorro. Usa galletas o comida para favorecer la aproximación.

manifiesta miedo, modera la nueva experiencia para que deje de mostrarse temeroso. En la práctica esto puede significar aumentar la distancia con la situación o suprimir uno de los nuevos elementos. Por ejemplo, si tu cachorro todavía no ha tenido encuentros con niños, cuatro niños ruidosos pueden ser demasiado, así que limita el encuentro a un niño pacífico.

Intenta no mostrarte comprensivo con el cachorro si muestra aprensión. Mostrar preocupación hará que piense que hay algo de que asustarse. Intenta alegrarlo y aparenta que lo estás pasando bien y no estás preocupado. Al mismo tiempo, cambia la situación para que el cachorro tenga menos razones para mostrar aprensión, alejándote o distrayéndolo para que piense en otra cosa.

Cuando conozcas los límites de tu cachorro, ve dilatándolos a diario. Exponle a una nueva situación todo el tiempo que aguante sin sentirse abrumado ni cansado. Anímalo a disfrutar de la experiencia con galletas o juegos y así aumentará gradualmente su confianza. Cuantas más sean las experiencias con las que se familiarice, y cuantas más experiencias felices viva, menos tiempo le costará adaptarse a nuevos encuentros.

En el apéndice incluimos un programa de socialización para tu cachorro (véase la página 200). Úsalo o crea uno propio para contar con un plan estructurado. Esto evitará que pospongas las sesiones de socialización para hacer algo que te apetezca más. En este período tu cachorro debe ser lo primero, pues no podrás recuperar este período de su vida.

Socialización con personas

Hay seres humanos de todos los tamaños, edades, siluetas y personalidades. Tu cachorro se

Saca el cachorro a pasear y llévalo a diario a distintos sitios para que se enfrente a variedad de situaciones y entornos.

acostumbrará con rapidez a la gente que vea a diario o que visite tu casa con regularidad, pero no estará familiarizado con los demás y podrá mostrar miedo de mayor si no se le saca y acostumbra a otras personas.

Si quieres que tu perro se muestre totalmente confiado con la gente, tendrás que presentarle todo tipo de personas y tendrá que trabar amistad, por lo menos, con diez personas distintas. Invitar amigos a casa mientras es un cachorro pequeño es una de las mejores formas de socializar a un perro con seres humanos. Si es tímido, déjale que aparezca cuando quiera y no intentes forzar la situación porque sólo empeorará las cosas. Impide que personas bien intencionadas se aproximen con demasiada rapidez; tu cachorro debe ser quien haga el primer movimiento. Que las visitas le den galletas sabrosas y con buen olor ayuda a vencer el miedo que siente.

Los seres humanos también son propensos a tocar perros con los que no tienen confianza, sobre todo si ellos también tienen uno. Los ejercicios para la manipulación del cachorro se tratarán más abajo (véase la página 136), pero es importante estar seguros de que a tu perro le gusta que los extraños, adultos y niños, lo toquen y acaricien. Enséñale primero a confiar en ti, luego pide a otros que también lo toquen.

Más adelante, invita a personas que no sientan afición por los perros y que no sepan cómo tocarlos y a otras personas que sí sepan. Las

Enseña a tu cachorro a saludar afectuosamente a las personas en la puerta de casa usando una correa para evitar que salte o se muestre demasiado efusivo.

Las experiencias agradables con niños pequeños ayudarán a tu cachorro a sentirse cómodo con ellos, y será mucho menos probable que ladre o muerda cuando más adelante sienta miedo alguna vez.

personas que no tienen familiaridad con los perros suelen aproximarse de forma muy distinta a aquellos que están acostumbrados a los canes, y lo mejor es que tu cachorro se acostumbre a todo tipo de personas.

El contacto con personas tiene que realizarse en casa, en tu propio territorio, y luego en parques, en la calle y en casa de otras personas. Tu cachorro necesita acostumbrarse a personas que lleven gafas, barba, ropa poco corriente, uniforme, sombrero, cascos de motocicleta, con bolsas o sacos, personas en silla de ruedas, personas que cojean o caminan con bastón y personas de distintas razas. También necesitará acostumbrarse a personas que corren o trotan, que juegan al fútbol, montan en bicicleta y realizan otras actividades extrañas.

Hasta que tu cachorro haya aprendido a disfrutar de la compañía de otras personas, pide que no lo miren si lo asustan por mantener fija la mirada en él (aunque lo hagan sin darse cuenta), o distrae su atención poniéndote a hablar con ellas. Esto aliviará la presión sobre el cachorro y le dará la oportunidad de relajarse. Con el tiempo, la curiosidad natural del cachorro lo animará a aproximarse y entablar amistad.

Acostumbrarse a los niños
Es particularmente importante que tu cachorro se acostumbre a niños de todas las edades, sobre todo si no tienes hijos. Incluso si los tienes, el can ha de aprender a aceptar los hijos de otras personas con edades distintas a las de los tuyos y con carácter diferente. Intenta que tu cachorro conozca niños de todas las edades: bebés, niños que empiezan a andar y niños de edad infantil hasta la adolescencia.

Una de las formas más sencillas de hacerlo es sacar a pasear el perro cerca de un colegio aunque no tengas hijos. Los niños sienten una atracción natural por los cachorros, lo cual facilita que ambos terminen juntos, aunque tendrás que adoptar las medidas necesarias para que la experiencia no supere al cachorro ni el número de niños sea excesivo. Dar a los niños galletas para que se las ofrezcan hará de la experiencia algo agradable para el cachorro, y comenzará a desear encontrarse con ellos (enséñales a ofrecer las galletas sobre la palma de la mano, para que no les muerda los dedos). Dales tiempo para que se conozcan y el cachorro vaya acumulando amigos de distintas edades. Lleva juguetes contigo para que también pueda jugar con ellos.

Llevar el cachorro a parques infantiles posibilitará que se acostumbre a la visión y los sonidos de los niños jugando, corriendo y gritando. Enseñarle a mantener la calma sin unirse al juego es una valiosa lección. Más tarde evitarás malentendidos porque el perro no correrá detrás ni saltará sobre ningún niño, posiblemente tirándolo al suelo. Ser perseguido por un perro, aunque sólo esté jugando, puede ser una experiencia terrorífica para un niño, sobre todo si no está acostumbrado a los perros o si el animal es más grande que él.

Asegúrate de que el cachorro haya hecho ejercicio y dale tiempo para que haga sus necesidades antes de aproximarte al parque infantil, sin dejar nunca de vigilar para limpiarlas si llega el caso. Habla con el veterinario sobre un programa adecuado contra las lombrices para que no haya ningún riesgo de salud pública.

Socialización con otros perros

Hay que tener mucho cuidado al presentar tu cachorro a perros adultos. No lo hagas a menos que sepas seguro que esos canes están bien socializados y acostumbrados a verse con perros desconocidos.

Sin embargo, no significa que debas mantener al cachorro apartado de todos los perros, ya que esto puede ser igualmente contraproducente, porque no se acostumbrará a otros perros y no sabrá cómo actuar. Esta incertidumbre podría derivar en una conducta agresiva. Intenta encontrar perros buenos con los cachorros y haz que se conozcan en un terreno neutral, en un área donde ambos estén seguros y tengan libertad para estudiarse e investigar el entorno.

Ten cuidado cuando pasees el cachorro por lugares donde haya otros perros sueltos. Un perro confiado que se aproxime corriendo hacia un cachorro tímido puede darle un susto de muerte aunque no quiera hacerle ningún daño. Si llevas al cachorro con correa, tal vez se asuste todavía más, y, si está suelto, puede que huya corriendo, lo cual es peor si cabe. Un susto como este puede dejar un recuerdo terrible y permanente. Protege el cachorro de este tipo de encuentros manteniéndote a distancia, y anímalo a que juegue contigo.

Intenta asegurarte de que todas las experiencias que tenga tu cachorro con otros perros sean positivas, así no tendrá ningún motivo para estar asustado (ni mostrar una conducta agresiva) cuando crezca.

Clases de socialización y adiestramiento
Una de las mejores formas para que mejoren sus conocimientos sobre los sistemas de comunicación caninos –aprendizaje que comienza en la camada– es que acudan a fiestas de socialización con perros bien criados, o que asistan a clases de adiestramiento (véanse en la página 193 consejos para encontrar clases de calidad). Se celebran fiestas de socialización para cachorros de 10 a 12 semanas en la consulta del veterinario, y luego los cachorros pasan a clases de adiestramiento cuando alcanzan entre 12 y 18 semanas.

Busca fiestas y clases en que los cachorros puedan jugar con no más de dos cachorros a la vez, seleccionados por la edad, el tamaño y la experiencia. Es importante descartar las fiestas en que los cachorros jueguen en todo momento juntos. Esto puede provocar que los cachorros tímidos se muestren agresivos y los cachorros confiados se vuelvan dominantes.

Es importante que tu cachorro aprenda a ser respetuoso con los perros adultos, así que para este propósito busca perros bien socializados que se muestren amables con los cachorros.

Las clases de socialización para cachorros permiten que jueguen con otros congéneres de su misma edad.

En las clases todo el adiestramiento se debe hacer recurriendo únicamente a recompensas. Antes de apuntarlo, lo sensato es acudir de observador a una clase sin tu cachorro para ver si apruebas los métodos que usan. Al acudir a las clases, tu cachorro seguirá aprendiendo el lenguaje corporal y las señales necesarias para una correcta comunicación con otros miembros de su especie y en un entorno seguro. Tú aprenderás a adiestrarlo y a entenderlo mejor.

El contacto con perros adultos se debe producir aparte de estas clases. Los cachorros deben aprender que no se puede jugar siempre ni con todos los perros. Un perro adulto afable al que le gusten los cachorros pero no le guste jugar fuerte le enseñará a tu cachorro con firmeza a respetar a los demás sin mostrarse agresivo, aunque sea difícil encontrar perros con este perfil.

Socialización con otros animales

Si los cachorros jóvenes entran en contacto con otros animales antes de tener 16 semanas, más tarde los aceptarán como parte de su red social. Acostumbrar más tarde a los cachorros a otros animales resulta más difícil, pero vale la pena hacerlo antes de que alcancen la madurez. Intenta que se acostumbre a todas las cosas a las que se verá expuesto a lo largo de su vida, pero mantenlo bajo control para que no les dé caza ni muestre conductas no deseadas.

Acostumbrar tu cachorro a gatos y caballos es útil, y también al ganado si vives en el campo. Intenta que mientras está bajo tu control vea tantos como sea posible para que termine aburriéndose de ellos. Si un cachorro ve ganado con frecuencia y se le ordena que no corra tras él, aprenderá que son criaturas aburridas que no corren. Si pasea con gatos a su alrededor en el jardín mientras lleva puesta la correa y no se le deja asustarlos, aprenderá que no corren y que no son piezas que hay que cazar. De forma parecida, si se acostumbra a ver pasar caballos a su lado mientras es un cachorro y se le impide correr tras ellos, también terminará acostumbrándose a ellos.

Nuevas situaciones, objetos y acontecimientos

Los cachorros tienen que acostumbrarse a todos los ruidos, olores y objetos de apariencia extraña que les rodean en su nuevo mundo. Esto comprende todo, desde los electrodomésticos de la casa –como el aspirador, la lavadora y el secador– hasta todo lo que encontrará fuera de casa como el tráfico, gente que corre, sillas de ruedas y monopatines.

Cosas que nos parecen habituales, como son coches, bicicletas y camiones, pueden parecerle enormes y terroríficos monstruos cuando sale por primera vez, y todo miedo o aprensión que sienta ahora tendrá que superarlo luego. Da tiempo al cachorro para acercarse a esos objetos cuando se sienta cómodo, tratando de darle a distancia un cariz divertido hasta que esté listo para aproximarse. Expón el cachorro a todo tipo de situaciones que sean útiles para su vida. Si no tienes coche, intenta tomar prestado uno para que se acostumbre a viajar en él. Si no usas habitualmente un transporte público, plantéate subirlo a autobuses y trenes, pues tal vez le sea muy útil más adelante cuando se te estropee el coche. Intenta que el cachorro vea, oiga y huela a diario cosas nuevas.

Es importante que se acostumbre de pequeño a ruidos repentinos como los de truenos y petardos para que no desarrolle fobias. Una forma sencilla de conseguirlo es comprar uno de los muchos CD especialmente creados para este propósito. Ponlo bajito al principio y combina su audición con acontecimientos divertidos para el cachorro, para que así asocie esos ruidos a cosas buenas. Aumenta el volumen gradualmente hasta que tolere sin alterarse estruendos y truenos, porque está esperando que suceda algo que le gusta.

Tu cachorro se fiará de ti cuando le enseñes normas de conducta y a vivir nuevas experiencias.

Intenta ir a todas partes y hacer todo lo que te guste y a lo que quieras que el cachorro se una cuando sea mayor. Acude a restaurantes, bares o cafés en que puedan entrar perros y aprovecha la oportunidad de acudir a exposiciones y ferias caninas donde el cachorro pueda vivir variedad de experiencias diferentes. Si el cachorro muestra aprensión –a objetos, situaciones o acontecimientos–, ve más despacio y ten paciencia hasta que desaparezcan todos sus miedos.

Qué hacer en caso de una mala experiencia

Si, a pesar de tu cuidadosa supervisión, el cachorro vive una mala experiencia, es importante solucionarlo lo antes posible disponiendo que el cachorro se enfrente de nuevo a la misma situación, pero esta vez viviendo una experiencia agradable. Se necesitará repetir varias veces la experiencia agradable para que supere la primera. El número de veces dependerá de su timidez; los cachorros tímidos necesitarán más experiencias para superar un suceso desagradable.

Por ejemplo, digamos que un perro labrador de tamaño considerable se acerca corriendo a tu cachorro. Su actitud es amistosa, pero tu cachorro está muy asustado y trata de huir, si bien no puede hacerlo porque lo llevas con correa. Este tipo de situación puede hacer que al

Los aspiradores son ruidosos, huelen y pueden asustar a tu cachorro. Deja que se acostumbre poco a poco practicando movimientos lentos y tranquilos.

Los escalones pueden amedrentar a los cachorros pequeños, si bien aprenden pronto a subirlos y a superarlos de una zancada. A menudo les resulta más fácil subir que bajar.

Este cachorro tímido olisquea el suelo sin perder de vista su entorno. Necesitará muchos encuentros agradables para que sea un perro adulto equilibrado y confiado.

cachorro le asusten otros perros que se aproximen con rapidez, lo cual derivará más tarde en una conducta agresiva; por eso hay que exponerlo al mayor número posible de experiencias felices. Intenta programar una situación similar con otro perro labrador, esta vez con correa y bajo el control de su dueño para que se aproxime con lentitud, dando tiempo a tu cachorro para relajarse y hacerse amigos. Si tu cachorro sigue preocupado, deja que se aproxime al labrador cuando quiera hasta que aumente su confianza. Sigue hasta que el cachorro viva con alegría el encuentro con cualquier perro que se aproxime con rapidez.

Invertir tiempo en superar malas experiencias hará que tu cachorro se sienta cómodo en el mundo en que vive, y no habrá recuerdos desagradables que puedan desencadenar una conducta agresiva cuando crezca.

Cachorros tímidos

El grado de timidez de un cachorro joven y, por tanto, el grado de socialización que requiere dependerán de su herencia genética y del entorno en que haya vivido durante su corta vida.

El miedo es un rasgo heredado y tu cachorro habrá heredado más o menos esa predisposición a temer lo que no le resulta familiar, dependiendo de la raza. Las razas sensibles y vivaces, como las que se crían para el pastoreo, son más tímidas y necesitan una mayor socialización a edad temprana que las razas mentalmente más fuertes, como los perros de caza.

Si tu hogar es muy tranquilo y acude poca gente, es probable que tu cachorro sea más tímido que otro que viva en una casa muy animada. Que hayas sacado a pasear tu cachorro durante las primeras semanas o lo hayas tenido en casa, ambas decisiones tendrán sus consecuencias.

Sea cual fuere el contexto, tienes que ser consciente del grado de timidez de tu cachorro y observarlo mientras se enfrenta a situaciones por vez primera (véase en la página 26 información para interpretar las reacciones de tu perro). ¿Se aleja o se acerca a un objeto o persona? ¿Mira su entorno con tranquilidad o se orienta con rapidez y alarma hacia cualquier sonido nuevo? Si tienes un perro tímido, lo aconsejable es invertir mucho tiempo y lo antes posible en su socialización. Un perro nunca es viejo para socializarlo, pero se vuelve más difícil a medida que se hace mayor.

Si descubres algo a lo que tu cachorro tenga miedo, intenta que lo supere gradualmente. Por ejemplo, si le dan miedo los coches, busca un lugar donde podáis estar a cierta distancia de la calle. Cuando sientas que muestra un poco de aprensión, para y juega con él (reteniéndolo con la correa), dale alguna galleta, háblale y reconfórtalo hasta que juegue con alegría y lo pase bien. Repite esta táctica siempre que sea posible durante varios días, acercándote a la calzada hasta que ya no tenga miedo a quedarse en el bordillo. Nunca fuerces los límites de confianza del cachorro.

Igualmente, si le da miedo la gente, disponlo todo para que haga nuevas amistades con personas apacibles y amables antes de entrar en contacto con otras más bulliciosas. Si entabla amistad con diez personas distintas, verás que empieza a generalizar el deseo de buscar compañía humana y que espera que las personas se muestren amistosas. Con tiempo y experiencias correctas, hasta los perros más tímidos comienzan a relajarse y disfrutar de la compañía de extraños. Tendrás que trabajar ampliamente con cachorros muy tímidos a la velocidad que ellos marquen. Asegúrate de que se muestra contento con todo el que se le acerque, pronunciando su nombre y mirándolo a los ojos antes de desacelerar su programa de socialización.

Colocarse lateralmente respecto al cachorro y ofrecerle un juguete hará que este tímido cachorro se acerque.

CAPÍTULO 7

Enseñarle a no hacer sus necesidades en casa

La mayoría de los animales que nacen en un nido muestran una conducta instintiva de alejarse para hacer sus necesidades. Proceden así sin que nadie les enseñe en cuanto se pueden mover. Los perros no son una excepción y hacia las tres semanas de vida comienzan a alejarse del área en que duermen para orinar. Como se ve, están programados para no hacer sus necesidades en casa; lo único que tenemos que hacer es enseñarles que la casa es el nido y que tienen que salir de ella para aliviarse.

Es importante que una o dos personas de la casa asuman la responsabilidad de enseñarle a no hacer sus necesidades en casa. Los cachorros necesitan constante supervisión las primeras dos a tres semanas hasta que aprendan buenos hábitos. Mantente vigilante con el cachorro a la vista en todo momento y asegurándote de que sale a sus horas y tendrás un cachorro limpio con muy pocos accidentes.

Saca el cachorro a un lugar concreto del jardín en las siguientes ocasiones:

- Poco después de cada comida.
- Después de jugar.
- Después de hacer ejercicio.
- Siempre que se haya excitado (p. ej., si hay visitas).
- Inmediatamente después de despertarse.
- Lo primero por la mañana.
- Lo último por la noche.
- Al menos una vez cada hora.

Dejar que estudie el terreno y olisquee acelerará el proceso. No le urjas a aliviarse, pero sí es muy importante permanecer en el jardín con él. Ponte un abrigo si hace frío y saca un paraguas si llueve para no tener prisa por volver a entrar.

Ten paciencia y aguarda. Cuando veas signos de que va a empezar, dile una frase elegida para el caso. Escoge algo que puedas pronunciar sin problemas en un lugar público (tal vez tengas que decirlo algún día con personas escuchando), por ejemplo, «¡Sé limpio!» Cuando haya acabado, elógialo con entusiasmo (¡hasta que mueva la cola!) y juega con él. Mantén el área limpia recogiendo los restos para tirarlos a la basura o por el retrete.

Los cachorros se distraen con facilidad cuando salen de casa, así que ten paciencia, porque es

Animar al cachorro a que salga de casa con regularidad acelerará el proceso de aprendizaje.

Prepárate a sacar al perro con cualquier tiempo y a permanecer fuera hasta que el cachorro se alivie. Tener a mano un abrigo y un paraguas será útil, sobre todo para salir al jardín en mitad de la noche.

esencial que te quedes con él hasta que adquiera el hábito. Si lo dejas a su aire, probablemente corra de vuelta a la puerta del jardín y se pase el resto del tiempo tratando de volver a entrar contigo. Si le dejas entrar, la tensión generada por la separación, junto con la animación y el ejercicio, provocará que haga sus necesidades y te quedes con el suelo sucio y un perro sin enseñar. No hay necesidad de pasar horas fuera, esperando a que se alivie. Espera unos minutos y, si nada sucede, éntralo y vuelve a intentarlo un poco después.

Si en cualquier momento del día te das cuenta de que el cachorro camina con incomodidad y la mirada fija en lontananza, si olisquea el suelo y comienza a dar vueltas sobre sí mismo o se sienta sobre los cuartos traseros, interrúmpelo de inmediato y sácalo fuera. Hazle caminar. No lo cojas en brazos o no aprenderá la relación vital que conlleva el proceso, que es: «Cuando tengo ganas, tengo que dirigirme a la puerta y salir al jardín».

Si en cualquier punto lo pillas en el acto de orinar o defecar en casa, impídeselo con una orden. Lo que digas es insustancial, pero debe ser lo bastante alto como para captar su atención y que se interrumpa, pero sin gritar tanto que corra a ocultarse. En cuanto hayas dado la orden de parar, desplázate con rapidez hacia la puerta del jardín al tiempo que lo animas alegremente y con entusiasmo a que te siga. Sal al jardín, ve al lugar elegido para las deposiciones y espera a que se haya relajado y termine lo que empezó dentro de casa. Pronuncia tu frase elegida, elógialo y, como siempre, juega con él cuando haya concluido. Vuelve a casa con él y déjalo en otra habitación mientras limpias el suelo.

En los momentos del día en que no puedas prestar atención al cachorro, lo mejor es dejarlo confinado en un área más pequeña donde los accidentes no sean tan importantes. Si tienes una jaula de juegos, cubre el suelo con una hoja grande de polietileno y papel de periódico encima para que los accidentes se puedan limpiar fácilmente. Si se producen accidentes, asume que es culpa tuya y saca al cachorro con más frecuencia.

Siguiendo estos sencillos procedimientos, tu cachorro aprenderá con rapidez que para hacer sus necesidades tiene que salir fuera y pronto adquirirá buenos hábitos. Cuanto mayor sea la frecuencia con la que lo sacas en los momentos apropiados y cuantas menos veces lo haga dentro de casa, más rápido aprenderá. Sin embargo, se tarda tiempo en adquirir hábitos regulares, así que ten presente que habrá accidentes ocasionales.

Una vez el cachorro haya adquirido el hábito correcto, comenzará a mostrar signos de querer salir siempre que tenga necesidad. Habitúate a identificar los signos, como acercarse corriendo a la puerta de casa y volver a ti, gimotear junto a la puerta o darle con la pata, y entonces deja que salga de inmediato.

Habrá accidentes

Cuando hace sus necesidades en casa deja un rastro en el suelo que el cachorro, con su olfato hipersensible, podrá detectar mucho después de que hayas limpiado y desinfectado el área. Esto le espoleará a volver a usar el mismo sitio.

Para impedirlo, limpia el área con:

- Productos especiales a la venta en la consulta del veterinario para este propósito.

Echa un ojo a tu cachorro y estudia si muestra signos de querer aliviarse, como empezar a oler el suelo, moverse en círculos y mirar distraído.

Mantente fuera de casa con tu cachorro. De lo contrario, su interés se centrará en volver a entrar contigo y seguirá teniendo que salir a aliviarse una vez vuelva dentro.

- Una solución de detergente biológico en polvo. Deja que se seque, lávalo luego con alcohol (de 90°); haz antes una prueba para comprobar que no se destiñen los colores de la alfombra.

Qué hacer por la noche

Los cachorros, como los niños, tienen un control limitado de su cuerpo y, por lo general, cuando tienen ganas de aliviarse, lo tienen que hacer en seguida. Esperar que aguanten seis a ocho horas por la noche es pedirles demasiado, y pueden pasar siete u ocho meses hasta que los cachorros sean totalmente limpios. Si tienes un cachorro que te despierta cuando tiene ganas de aliviarse, en vez de hacerlo en el suelo, vale la pena levantarse para que salga. Aprenderá mucho más rápido a no hacerlo en casa porque no está cometiendo errores y no pasará mucho tiempo antes de que aguante toda la noche.

Una vez comiences a dejarlo solo por las noches, cubre toda el área con una sábana de polietileno y pon encima hojas de periódico, para que los accidentes no calen el suelo. El polietileno detendrá lo que no haya empapado el papel, con lo cual no quedarán olores en el suelo que puedan fomentar este hábito durante el día.

¿No aguanta por la noche?

Muchos benjamines piden salir fuera durante el día cuando sus dueños están en casa, pero no por la noche, o cuando se les deja un rato solos durante el día. Esto es porque los animales inmaduros necesitan tiempo para adquirir un control completo de su cuerpo y, cuando tienen necesidad, no aguantan hasta tu retorno. Los dueños se preocupan y creen que su perro se lo hará siempre en casa cuando esté solo.

No hay por qué preocuparse. Los cachorros tardan más o menos tiempo en aprender a controlar sus esfínteres, pero todos lo consiguen. Hasta que llegue ese momento, asegúrate de que el cachorro se queda siempre con una sábana de polietileno en el suelo y cubierta con papeles de periódico. Probablemente descubras que los accidentes se espacian a medida que crece y adquiere más control. No debe haber accidentes cuando tenga siete u ocho meses de edad.

Si tu cachorro alcanza esta edad y sigue teniendo escapes por la noche, puede que haya desarrollado el hábito de hacer sus necesidades a una hora concreta de la noche. Este hábito se erradica llevando el cachorro y su yacija a tu dormitorio para confinarlo allí y que no pueda marcharse. Cuando se despierte a su hora habitual y descubra que no puede salir, gemirá y te despertará. Sácalo entonces al jardín y deja que se alivie.

La segunda noche espera diez minutos antes de dejarle salir. La tercera noche debería levantarse un poco más tarde; de nuevo, espera diez minutos antes de levantarte. Al final, habrá reeducado su cuerpo para aguantar toda la noche sin salir al jardín (no cuesta tanto como podrías imaginar) y, una vez hayas establecido el hábito de pasar toda la noche durmiendo, el perro podrá volver a la cocina. Comprueba que hayas lavado el suelo de la cocina a conciencia (véase la página 72) antes de trasladarlo.

Castigos, por qué no funcionan

Nunca castigues a tu perro si lo pillas in fraganti haciendo sus necesidades en casa, porque la angustia que experimenta dificulta que aprenda lo que debe hacer en ese caso. Tal vez comience a evitar hacer sus necesidades delante de ti porque sabe que te enfadas, y se escabulla para hacerlas, dificultando que le enseñes la conducta correcta.

De forma similar, no es nada útil reprender al cachorro si descubres un accidente en el suelo que ha sucedido hace rato. No aprenderá nada de la reprimenda, no porque no pueda recordar lo que ha hecho, sino porque no relacionará el castigo con haber hecho sus necesidades en el suelo. En cuanto empieces a enfadarte, el cachorro adoptará la postura de sumisión para calmarte y evitar tu ira. Por desgracia para los cachorros, interpretamos la respuesta de sumisión como una conducta de culpabilidad y nos incita a castigarlo, pues pensamos «sabe que ha actuado mal, porque parece culpable».

No sólo resulta ineficaz castigar a un perro cuando hace rato que ha pasado la causa del castigo, sino que puede ser contraproducente. Si tu cachorro te tiene miedo, puede volverse agresivo sin razón aparente, y mostrarse inseguro e infeliz, lo cual puede inhibir su capacidad de aprendizaje. Y peor aun, si lo castigas cuando vuelva a la habitación, sentirá ansiedad ante quedarse solo, lo cual puede derivar en conductas indeseables cuando sea mayor.

¿Cuánto durará?

Cada cachorro aprende a un ritmo diferente. Algunos captan lo que se espera de ellos casi al instante, mientras que a otros les cuesta mucho más. Algunos tardan seis meses o más. Un cachorro procedente de una perrera sucia y atestada es probable que tarde más en adquirir ciertos hábitos que otro que tuvo un mejor inicio. Los cachorros brillantes aprenderán más rápido que los menos inteligentes.

Lo que más influye en la rapidez con la que un cachorro aprende a no hacer sus necesidades en casa es el tiempo y el esfuerzo que le dediques. Cuanto más le enseñes, más rápido aprenderá a no tener accidentes; cuanto menos tiempo le dediques, más se prolongará el proceso.

Hacer las necesidades a una orden

Aprender a hacer las necesidades no termina con que no las haga en casa. En Gran Bretaña viven unos siete millones de perros; muchos viven en ciudades y áreas urbanizadas. A medida que aumenta la presión sobre el espacio disponible, el público es cada vez más consciente de los problemas causados por las deposiciones de los perros, sobre todo en las aceras y parques infantiles.

Muchos cachorros no dejan por completo de hacer sus necesidades en casa hasta que tienen seis meses, por lo que no esperes demasiado de tu perro y mantén la disciplina.

Una vez puedas sacar a pasear a tu cachorro, el enseñarle a no hacer sus necesidades en casa será mucho más fácil.

Si quieres evitar la desagradable tarea de tener que recoger las cacas de tu perro por la calle, lo mejor es adiestrarlo antes de salir a pasear fuera de casa. No es tan difícil como parece, pero requiere tiempo y paciencia en los estadios iniciales.

Si has tenido éxito enseñándole a no hacer sus necesidades en casa, cuando saques a pasear a tu cachorro totalmente vacunado, tendrás una frase concreta que él asociará con hacer sus necesidades. También tendrás que seguir un horario relativamente regular y saber cuándo tu cachorro necesita salir. Intenta que su primer paseo coincida con ese momento. Sal al jardín como es habitual, repitiendo la frase elegida hasta que el cachorro haga lo que se le pide, luego elógialo con entusiasmo y sácalo a pasear.

Si no hace sus necesidades, vuélvelo a entrar un rato en casa e inténtalo más tarde. Si sacas a pasear al cachorro sólo después de que haya hecho sus necesidades, comenzará a darse cuenta de que cuando evacua se le premia con un paseo.

Este proceso requiere paciencia, pero el tiempo y esfuerzo dedicados se verán recompensados cuando veas a otros recoger las cacas de sus perros por la calle, o cuando pises lo que algún dueño irresponsable haya dejado detrás y te des cuenta de lo fácil que es vivir con tu perro.

Vivir en un piso sin jardín

Adiestrar a un cachorro para que no haga sus necesidades en un piso sin jardín es más difícil, pero no imposible. Habrá que hallar un área que el cachorro pueda usar para evacuar cerca del piso. Como el cachorro puede tener que caminar una distancia considerable, es incluso más importante que lo saques cada hora sin falta, llevándolo en brazos si fuera necesario parte del trayecto. También necesitarás mantener alta la guardia para anticiparte a los signos de que el cachorro quiere salir a aliviarse.

Una alternativa es poner una sábana de polietileno y un periódico justo al otro lado de la puerta y adiestrar al cachorro a hacerlo allí. Sin embargo, esto tiene la desventaja de que más adelante necesitarás enseñarle a ir a otro sitio cuando adquiera más control sobre su cuerpo.

Lapsos ocasionales

No deja de ser habitual que el control de esfínteres se venga abajo cuando el cachorro soporta alguna tensión o angustia, como el miedo a que lo castiguen de forma impredecible, cuando está malo o si se produce un cambio repentino en la estabilidad familiar, como en Navidades, después de peleas, con la llegada de un nuevo bebé o con cualquier cambio de actitud hacia él, por la razón que sea.

Los cambios corporales que ocurren al alcanzar la madurez sexual, cuando la perra se prepara para su primer celo o el cachorro macho comienza a levantar la pata para mear, también puede provocar una interrupción breve de su capacidad de control. Hasta que los cachorros tienen un año, no esperes demasiado. Lapsos ocasionales durante el primer año son comprensibles y esperables, dado que el cachorro todavía es un animal joven. Cuando ocurran, vuelve de nuevo al programa inicial de adiestramiento. A medida que el cachorro madure física y mentalmente, habrá menos lapsos y serán menos frecuentes.

Micción por sumisión

Algunos cachorros, sobre todo hembras, son propensos a soltar un chorrito de orina cuando están excitados o nerviosos, o durante encuentros con personas o perros de rango muy elevado. A veces forman un pequeño charco cuando se les saluda o reprende, posiblemente tumbándose boca arriba o sentándose con una pata trasera elevada. Se trata de una respuesta natural cuyo fin es aplacar y evitar cualquier agresión por parte de animales de rango superior. Es su forma de decir: «Mira [o, mejor dicho, huele], todavía soy pequeño; por favor, ¡no me hagas daño!
Si gritas o te enfadas al ver que deja un charco de orina, tu cachorro lo hará de nuevo para apaciguarte más. La mejor respuesta es no hacerle caso y marchar a un sitio donde no importe que orine. Si tu cachorro convierte en un hábito saludar a la gente de este modo en la puerta de casa, ten cerca una sábana de polietileno y una toalla vieja y ponlo encima antes de decirle hola o dejar que lo saluden las visitas.

Los cachorros que hacen esto necesitan que aumente su confianza. Esto sucederá de forma gradual a medida que crezcan, pero intenta no gritar ni enfadarte con ellos. En vez de eso, enséñale lo que quieres que haga. Algunos cachorros se muestran deseosos de complacer y harán lo que quieras en cuanto sepan qué es.

Los cachorros que se tumban boca arriba cuando les saludan son propensos a sufrir problemas de micción por sumisión si se les regaña o castiga.

CAPÍTULO 8

Control de la conducta y liderazgo

Los cachorros no llegan a casa con una serie de reglas innatas sobre cómo comportarse bien en nuestro mundo. Tenemos que enseñarles a comportarse de forma apropiada. Puede parecer una tarea desalentadora, pero resulta fácil una vez que sabes cómo. Es importante estimular una buena conducta y recompensarla de inmediato, así como asegurarte de que las necesidades del cachorro están cubiertas. Una vez que el cachorro esté satisfecho y sepa que será recompensado, es relativamente fácil prevenir e interrumpir conductas indeseables. Ser un buen líder y ganarte su respeto para que tu cachorro responda a tus deseos también ayuda en este proceso.

Favorecer buenas conductas, prevenir malas conductas

A lo largo del primer año de vida del cachorro, anímale siempre que sea posible a que responda con la respuesta correcta. Elógialo y recompénsalo de inmediato y esas respuestas pronto se convertirán en buenos hábitos.

Prevenir conductas indeseadas significa prever las situaciones de antemano. Intenta anticiparte a lo que vaya a hacer tu cachorro, distráelo o impide físicamente que suceda. Espolea la conducta que deseas, luego elógialo y recompénsalo cuando ejecute la respuesta correcta.

Planea las situaciones por adelantado y prevén las conductas indeseadas usando una correa si fuera necesario. Asegúrate de que todas las recompensas son concedidas por ti y nunca como premio de una mala conducta del cachorro.

Siempre es mejor detener una conducta indeseada antes de que el cachorro experimente lo bien que se siente después de hacerlo. De otro modo, el placer obtenido lo animará a repetir y pronto se convertirá en un mal hábito. Si se impide al cachorro llevar a cabo y practicar una acción hasta que sea maduro, es poco probable que lo intente cuando sea mayor. Esto es aplicable a todo tipo de conductas indeseables, desde saltar encima de alguien o subirse sobre cualquier mueble hasta perseguir ganado o gente corriendo.

Si tu cachorro hace algo que no te gusta, detenlo en seguida asiéndolo por el collar y alejándolo con suavidad de la tentación y mostrándole lo que quieres que haga. Si el cachorro hace repetidamente algo inaceptable, llévalo con correa o una cuerda de tender (de unos 2 metros de largo) para asumir el control con rapidez, sin agarrarlo ni perseguirlo. Ten cuidado de que niños o adultos inestables no se traben con la correa, y déjalo suelto con la correa puesta sólo cuando estés presente para supervisar.

Cubrir las necesidades del cachorro

Será mucho más agradable vivir con tu cachorro, se comportará mejor y será menos «revoltoso» si cubres todas sus necesidades conductuales. El cuerpo de un cachorro está continuamente reequilibrándose y comprobando que cuenta con todo lo necesario para su mantenimiento y desarrollo. Los cachorros se comportan intentando cubrir cualquier deficiencia interna. Asegurarse de que sus necesidades están correctamente cubiertas antes de que el cachorro esté desesperado evitará muchos tipos de conducta indeseable. Las necesidades conductuales del cachorro se agrupan en tres categorías: seguridad, respaldo social y necesidades corporales.

Puntos clave

- Estimula y recompensa las buenas conductas.
- Piensa con antelación y prevé conductas indeseables.
- Pon fin en seguida a toda conducta indeseable.

Los cachorros necesitan saber que sus dueños garantizan su seguridad y protección.

Sentirse seguro

Los cachorros necesitan sentirse seguros y tener figuras de referencia (su madre o sus nuevos dueños) que los ayuden cuando corran peligro. Garantizar que tu cachorro se siente seguro y protegido es importante para que no aprenda conductas agresivas ni manifieste otras conductas indeseables asociadas con el miedo y la ansiedad.

Respaldo social

Las adhesiones sociales son muy importantes para los jóvenes cachorros. En una familia humana, estará más satisfecho si tiene una o dos figuras de referencia con las que establecer unos lazos fuertes y duraderos. Dichas personas necesitan tiempo para darles mucho cariño y prestarles atención a lo largo del día. Si las necesidades sociales de un cachorro no se cubren

Es importante que los cachorros jóvenes cuenten con un lugar tranquilo donde descansar y dormir muchas horas.

adecuadamente, es probable que muestre una conducta poco deseable buscando llamar la atención, que esté excesivamente activo si hay gente presente, o retraído y asocial.

Necesidades corporales

Los cachorros necesitan dormir, jugar, hacer ejercicio, explorar, comer, beber, mantenerse calientes y tener cosas que mordisquear. No dar oportunidad a tu cachorro para que haga esas actividades de forma regular derivará en alguna conducta indeseable. Ello se debe a que el cachorro siente una necesidad innata de hacer tales cosas e intentará cubrirla, quieras o no.

Si no se le brindan juguetes adecuados para mordisquear, morderá otros objetos de la casa. Si no tiene sitios tranquilos donde descansar y dormir sin que lo molesten (algo habitual en casas bulliciosas con niños), podrá mostrarse cansado e irritable. Incluso algo tan sencillo como darle muchas comidas ligeras al cabo del día para que no esté famélico (y, por tanto, irritable y «difícil» de manejar) antes de la única comida del día puede suponer una gran diferencia en su conducta. Y lo más corriente, los cachorros a los que se les niega oportunidades adecuadas para jugar, hacer ejercicio y explorar estarán constantemente intentando hacer eso en casa, metiéndose en problemas por morder plantas, atrapar a los niños, saltar sobre la gente o mostrarse muy excitados en momentos inapropiados. Garantizar que se cubren todas las necesidades corporales es muy importante para tener un cachorro satisfecho y plácido, más fácil de criar y adiestrar.

Sueño

Asegúrate de que el cachorro disfruta de

suficientes momentos de reposo para dormir. Esto es muy importante si tu casa es bulliciosa. Concede al cachorro descansos regulares en un lugar tranquilo con una yacija confortable. Asegúrate de que los niños entienden que es importante dejar en paz al cachorro cuando está dormido, y que no deben despertarlo.

Juegos

Dedica un poco de tiempo a jugar con tu cachorro cada varias horas y a lo largo del día. Algunos cachorros necesitan jugar más que otros, así que intenta jugar lo suficiente para que tu cachorro quede contento entre uno y otro período de juego (véase la página 92).

Ejercicio

Cada cachorro requiere distintos grados de ejercicio. No es posible dar largos paseos con un cachorro porque dañará sus huesos y articulaciones en crecimiento. En lugar de eso, bríndale muchas oportunidades para correr en libertad en áreas cerradas y juega con él a juegos activos con juguetes, ejercitándolo mentalmente ofreciéndole multitud de nuevas experiencias y socialización. Si tu cachorro es muy bullicioso, tal vez necesite más ejercicio del que le estás ofreciendo para que esté relajado y cómodo. Este es concretamente el caso si pasas horas fuera trabajando. Necesitarás pasar más tiempo manteniéndolo activo y agotar sus energías cuando estés en casa.

Liderazgo y establecimiento de límites

A medida que el cachorro crezca y comience a entender lo que se requiere de él, habrá momentos en que tus deseos no sean compatibles con lo que quiere. A medida que se haga mayor, será más difícil distraerlo y centrarlo en lo que quieres que haga. Gradualmente resultará más importante que seas respetado como líder. Además de aprender a aceptar tu autoridad, tu cachorro también necesita aprender a afrontar la frustración que siente cuando no se sale con la suya.

Por qué el líder es importante

Será mucho más fácil vivir con un perro que

Aportar el ejercicio adecuado para la raza de tu cachorro es esencial para que esté tranquilo y se comporte bien.

considere sus deseos menos importantes que los de sus dueños, se comportará mejor y tendrá más ganas de obedecer las órdenes. Un perro sumiso, obediente y educado es una delicia para su dueño y, por lo general, vive mucho más feliz que otro en constante conflicto con su dueño.

Además de tener un perro que se comporta mejor, resulta mucho más fácil adiestrarlo si considera importantes tus órdenes. Si un perro se siente subordinado a ti, tratará de complacerte y aprenderá de ti, de forma muy parecida a como los niños aprenden de un profesor que mantenga la autoridad y que despierte respeto. Adiestrar a un perro que cree que tiene derecho a tomar decisiones resulta casi imposible.

Un perro que se cree el líder de la manada tomará sus propias decisiones. Quedará fuera de control y actuará como un niño mal educado, probando todo tipo de triquiñuelas para salirse con la suya. No obedecerá órdenes ni hará nada que no quiera hacer, y siempre querrá ser el centro de atención. En nuestra sociedad nadie se puede permitir tener un perro descontrolado, y los perros que se creen superiores a los seres humanos a menudo tienen una vida corta.

Cómo ser un buen líder

Asumir el liderazgo es fácil con un cachorro, porque automáticamente te considera su guía. Conservar ese rango a medida que crece es importante, sobre todo durante la adolescencia, cuando se vuelve más descarado y comienza a poner a prueba sus límites. Con la mayoría de los perros domésticos esto no resulta difícil, porque llevan generaciones criándose para ser obedientes y trabajar con seres humanos. Comparados con

No puedes forzar a un cachorro a que te respete. El respeto hay que ganárselo con un adiestramiento exhaustivo.

Una relación basada en la confianza y el respeto constituye el pilar esencial de una buena conducta.

sus ancestros salvajes, los lobos, nuestros perros de compañía se preocupan bien poco por la jerarquía, prefiriendo en su lugar cooperar y vivir en armonía con nosotros. No obstante, algunos perros tienen más voluntad que otros, pero todos se benefician de considerar a los seres humanos superiores, pues necesitan aprender a acomodarse a nuestro mundo, y no nosotros al suyo.

Un buen líder no abusa ni fuerza a los demás a obedecerle, sino que se gana el respeto por ser más listo, más valiente y tener mayor capacidad de decisión que otros, por ganar desafíos y peleas, y por demostrar que es mejor para todos cuando él toma las decisiones. En una jauría no es el más grande ni el más fuerte el que asume la máxima posición jerárquica, sino el que muestra más determinación, mayor voluntad y arriesga todo para ganar.

Los mejores líderes de una manada suelen ser benevolentes y tolerantes, pero pueden mostrarse duros e inflexibles siempre que deban serlo. No aguantarán tonterías, pero se mostrarán felices de ser amigos del perro. Un buen líder sabe cuándo parar y no abusa constantemente del perro para obligarle a sentirse inferior. Los buenos líderes presentan cuatro atributos principales:

- Saben garantizar la seguridad de la manada.
- Tienen el control de los medios disponibles.

Controlar los medios disponibles y la movilidad del cachorro por la casa le enseñará a mostrar paciencia y respeto.

- Son buenos comunicadores.
- Son capaces de ganar peleas y desafíos.

Garantizar la seguridad de la manada

Los líderes deben ser valientes y lo bastante inteligentes como para que los miembros de la manada no se metan en dificultades y para solucionar problemas con rapidez y eficacia si alguien corre peligro. Los cachorros pequeños verán peligro en variedad de situaciones, sobre todo si no están bien socializados. Observar a tu cachorro y asegurarse de que se siente cómodo y seguro en todas las situaciones –y hacer algo en caso contrario– es esencial para que te considere un buen líder (véase en la página 54 la socialización y en la página 114 la prevención de conductas agresivas).

Controlar los medios disponibles

Si tienes el control de todos los medios, estarás tomando decisiones importantes que afectan a la vida del cachorro, como la frecuencia y la cantidad que come, cuándo puede jugar, cuánto ejercicio hace y cuánto acceso tiene al mundo exterior. Hacer que tu cachorro se gane lo que obtiene obedeciendo tus órdenes, así como decidir el cuándo y el dónde tiene acceso a esos medios, te dará el control de la vida y las acciones de tu cachorro. Tu cachorro será consciente de ello y tu rango aumentará a sus ojos. Dejar que disponga de los medios a su antojo o cuando lo pida le hará pensar que es él quien tiene el control.

Tú eres quien debe decidir cuándo el cachorro debe dormir, comer, jugar y tener contacto social. Si controlas los medios, es más probable que seas respetado como líder. Y como estás al mando de todos los medios, es importante garantizar que se cubran todas las necesidades del cachorro para evitar que se comporte mal con el fin de satisfacerlas por su cuenta.

Una vez esté adiestrado tu cachorro, pídele que venga a ti, o que se siente, se tumbe, o espere los recursos que le ofreces. Exigirle sumisión con regularidad y recompensarlo con generosidad hará más probable que tu cachorro te considere su líder y responda automáticamente en el futuro.

Medios bajo control

- Alimento: comida y galletas.
- Diversión: juegos y juguetes.
- Contacto social: elogios, alharacas y contacto físico placentero.
- Acceso: lugares al aire libre o sitios que explorar y por donde pasear.

Ser buenos comunicadores

Los buenos líderes saben comunicarse satisfactoriamente con los demás. Tu cachorro no ha evolucionado hasta el punto de entender con facilidad las órdenes verbales y responderá mejor a los gestos y al lenguaje corporal. Ser un profesor paciente y metódico, que se preocupa por comunicarse con claridad hasta que sus órdenes son entendidas, te ganará más respeto que gritarle órdenes verbales incomprensibles que lo asusten y confundan.

Llevar la voz cantante en los juegos y ganar con más frecuencia que con la que se pierde enseñará autocontrol a tu cachorro.

Ganar peleas y desafíos

En la naturaleza los lobeznos y cachorros de perros salvajes juegan a luchar entre ellos y con miembros más adultos de la manada a medida que van creciendo. Durante estas pugnas aprenden a conocer sus puntos fuertes y débiles en la liza con los otros miembros de la manada y, por tanto, su posición natural en la jauría. Del mismo modo, nuestros cachorros juegan con nosotros y aprenden lecciones similares.

Jugar para ganar

Los perros (y las personas) de férrea voluntad que participan en juegos de posesión lo hacen para ganar. Si tu cachorro inicia y gana continuamente estos juegos, puede pensar que es más fuerte que tú física y mentalmente. Para ser un líder respetado, sobre todo si tu cachorro es de carácter dominante, tendrás que seguir ciertas reglas, sobre todo cuando os divirtáis tirando para quedaros con un juguete:

- Juega con juguetes en tu posesión y fuera del alcance del cachorro. Dale juguetes con los que pueda jugar solo, pero no intervengas en el juego.
- Invita a tu cachorro a jugar con frecuencia. Como tienes los juguetes, es tu responsabilidad acordarte de jugar.
- Cuando juegues a halar y agarrar un juguete, gana con más frecuencia con la que pierdes. Si siempre ganas, el cachorro perderá interés en el juego (ni los perros ni las personas disfrutan de juegos en los que no son buenos). Al ganar más veces de las que pierdes, el cachorro lo pasará bien jugando y estará aprendiendo que eres un oponente mejor que él. Enséñale a dejar de tirar del juguete y a soltarlo cuando se lo ordenes (véase la página 105).
- Si fuera necesario, recurre a una correa para que tu cachorro haga lo que le ordenas y recuperar el juguete con facilidad; esta cuerda de 2 metros rodea al perro y evita tener que perseguirlo para recuperar el juguete.
- Juega hasta que tengas suficiente e intenta parar antes de que el cachorro se aburra.
- Llévate el juguete con el que hayáis estado jugando cuando termines.

Ganar desafíos

Si tu cachorro tiene un carácter dominante y es más inteligente de lo normal, encontrará la manera de poner a prueba tu liderazgo, sobre todo cuando se vuelva más descarado durante la adolescencia. Si eres consciente de ello y tienes cuidado de mantener tu liderazgo del modo descrito en este capítulo te resultará relativamente fácil mantener el control.

Si descubres que hay situaciones en las que se comporta mal, piensa en el modo de ganar dichos encuentros, por qué pierdes y por qué no eres capaz de detenerlo. Planea la forma de superar el problema para invertir la situación y ser tú el ganador. Tal vez necesites la ayuda de un asesor en comportamiento canino (véase la página 203 para más detalles) y, si tienes problemas, será mejor pedir asesoramiento antes que tarde.

¿Es tu cachorro muy ambicioso?

Todos los cachorros son distintos. Sus caracteres genéticos y sus tempranas experiencias desempeñan un papel en la determinación de su grado de ambición. A algunos se les puede conceder todos los privilegios normalmente reservados al líder de una manada y no se ganará nada con ello. Otros querrán tener el control a toda costa y aprovecharán cualquier oportunidad de hacerlo. Si tu cachorro es por naturaleza ambicioso, necesitarás ganar más juegos y desafíos, y tener más control de los medios para mantener el mando. Los cachorros más sumisos acatan el orden con mucho menos.

Necesitas evaluar a tu cachorro a medida que crezca y ajustar sus conquistas en consecuencia. Un cachorro servil puede ganar confianza si gana más veces, mientras que otro cachorro más ambicioso tendrá que perder muchos encuentros para que te respete como líder. Lo importante es mantener un equilibrio para que tu cachorro no dude al considerar a los seres humanos de rango superior, pero no tanto como para que su carácter se vea inhibido.

La orden «fuera»

Es muy útil enseñarle a tu cachorro una orden verbal que signifique «deja lo que estés haciendo y recibirás una recompensa», como por ejemplo, «fuera». Esta orden se puede usar en ocasiones cuando el cachorro esté a punto de hacer algo indeseable, por ejemplo, si está muy cerca de la

Establecer unas reglas básicas, como no subirse al sofá, desde los primeros días de vida del cachorro, evitará que surjan problemas en la adolescencia.

comida en una mesa baja, si se está acercando a alguien al que no le gustan los perros, o si intenta coger algo y tú no quieres.

Repite el ejercicio pronunciando esa orden a lo largo de sesiones muy cortas hasta que el cachorro aparte el morro en cuanto des la orden. Luego haz que aumente lentamente el tiempo que pasa hasta recibir su recompensa, para terminar contando hasta diez, con lo cual aumentará su autocontrol y mejorará su comportamiento.

Coloca alimentos deseables en una mesa baja, di «fuera» y prémialo generosamente, lejos ya de la mesa, con una galleta estupenda por cumplir tu orden. Luego piensa en otras situaciones y lugares en los que puedas tener que necesitar la orden «fuera» y enséñale de forma similar, aumentado gradualmente la dificultad de la experiencia hasta que aprenda a responder en cualquier sitio.

Cuándo decir «No»

En cierto momento de sus vidas la mayoría de los cachorros tienen que aprender que se arriesgan a sufrir desagradables consecuencias si siguen haciendo algo que se les ha dicho que no hagan. Sólo en muy pocas ocasiones tendrás que decir «fuera» a tu cachorro. La mayoría de las interacciones tienen que ser agradables y felices. Esto garantizará que te conviertas en un buen

Ejercicio: La orden «fuera»

1 Comienza ofreciendo a tu cachorro una recompensa sabrosa. Ofrécele otra galleta, pero cierra la mano para que no pueda comérsela. Di «fuera» con la voz calma (no grites con agresividad). Mantén la mano inmóvil y no hagas caso a sus intentos de hacerse con el premio. Ten la mano en alto para que no pueda usar las patas, y no respondas a sus mordisqueos o tirones (si quieres, usa un guante viejo de cuero para proteger la mano durante las primeras fases del adiestramiento).

amigo y que tu cachorro intente agradarte con todas sus fuerzas.

Hay dos tipos de situaciones en que se puede necesitar la disciplina. En primer lugar, si tu cachorro hace algo totalmente inaceptable, como saltar sobre un niño, será mejor corregir esta conducta de inmediato que recompensarla y, por tanto, que quiera repetirla en el futuro. Lo mejor es utilizar las correcciones sólo para conductas totalmente inaceptables. Para problemas leves, lo mejor es impedírselo, enseñarle la conducta apropiada y recompensarlo por hacer lo correcto.

En segundo lugar, un cachorro descarado (sobre todo durante la adolescencia) tal vez no haga caso deliberadamente a tu orden porque prefiere hacer otra cosa. La corrección inmediata le enseñará que debe responder haciendo lo que le pides cuando le des órdenes importantes. Antes de recurrir a la corrección, debes estar totalmente seguro de que tu cachorro no sólo entiende lo que tiene que hacer, sino que también ha oído la orden.

Cómo hacerlo

Si necesita una reprimenda, debe ser inmediata, exagerada, eficaz y que termine en unos segundos. Justo después de la corrección tendrás que enseñarle la conducta correcta y recompensarlo por seguirla.

Si tu cachorro está a punto de hacer algo que no quieres, intenta detenerlo diciendo «fuera» o dándole otra orden apropiada como «sentado»,

△ **2** Espera pacientemente sin decir nada. Al final, el cachorro renunciará a tomar la recompensa y retirará las patas y el morro.

▷ **3** *En cuanto* haya una pequeña distancia entre el morro del cachorro y la mano, ábrela y dale el premio. El tiempo es muy importante; intenta que tu respuesta sea inmediata, en cuanto retire el morro de la mano.

lo cual evitará que muestre la conducta indeseada. Si es lo bastante descarado como para no hacer caso y sigue con lo que tiene planeado, necesitarás aplicar una corrección de inmediato. Si ya ha hecho algo inaceptable, usa la corrección al instante.

La eficacia de una corrección radica en el elemento de sorpresa. Necesitarás gritar «¡No!» o «Aarg» con suficientes decibelios para asustar al cachorro y evitar la conducta. Bloquéale el paso con tu cuerpo e impide físicamente que siga adelante. Luego recurre al contacto ocular y a la voz para que te preste toda su atención (es mucho más fácil si ya has asumido el liderazgo). La corrección no se debe usar con frecuencia. La mayor parte de la comunicación se debe producir con una voz calma y tranquila, para que, al elevar el volumen de repente, sea eficaz e inmediata.

Después de una corrección eficaz, la atención del cachorro recaerá sobre ti. Es importante que aproveches el momento para enseñarle la conducta correcta y lo alabes por hacer lo correcto. Con el fin de conseguirlo, necesitarás volver a estar en calma y asumir una actitud agradable para que el cachorro deje de estar temeroso y se pueda concentrar en lo que le pides. Esto le enseñará que esa conducta concreta es la que te hace actuar de ese modo y será menos probable que lo haga la próxima vez.

Grado de corrección necesaria

No hay dos cachorros iguales que muestren el mismo nivel de sensibilidad. Para algunos cachorros bastará con elevar ligeramente el tono de voz, mientras que a otros habrá que subirles el volumen de la voz para que sepan que están haciendo algo mal. Una corrección leve para un cachorro normal o descarado puede parecer el fin del mundo para otro más sensible.

No hacer caso a los errores

- Nunca apliques correcciones cuando estés adiestrando a tu cachorro. Pasa por alto los errores que pueda cometer mientras practica los ejercicios, pero recompensa las conductas deseables.

Por qué no funciona el castigo físico

No es necesario ni deseable usar castigos físicos para criar un perro adulto equilibrado y educado. No sólo es innecesario, sino también desagradable para el cachorro, ya que el castigo excesivo genera resentimiento y miedo, así como desconfianza de los seres humanos en general. Los castigos debilitan los lazos entre tu cachorro y tú, y minan la confianza y la amistad. Las familias que han recurrido a castigos físicos para imponer la disciplina a sus perros a menudo tienen canes agresivos. Los perros que proceden de una familia en que no se ha utilizado la agresión para criarlos pocas veces muestran conductas agresivas.

Si se usan las manos para administrar el castigo, el cachorro se mostrará tímido ante otros usos de las manos. Con posterioridad, si ve que una mano se le aproxima, por ejemplo, si un niño acerca la mano para acariciarle la cabeza, podría morder para defenderse. Si el cachorro aprende que las manos del ser humano nunca hacen daño y que a veces ofrecen recompensas, no tendrá necesidad de morder las manos que se le acerquen.

Por desgracia, el castigo físico parece ser el primer recurso de muchas personas cuando las cosas se tuercen. Es mucho más fácil castigar que adoptar una acción meditada, y son muchos los inventos que se venden con este propósito. Es una pena que a veces el castigo parezca funcionar bien y con rapidez, pues anima a los dueños a aplicarlo con más frecuencia. Parece funcionar bien porque se tratan los síntomas del problema, pero no su raíz.

Por ejemplo, tomemos el caso de un perro que tiene miedo a los extraños por falta de socialización y que gruñe cada vez que se le acercan. Si su dueño aplica un castigo suficiente siempre que así suceda, el perro aprenderá pronto a no gruñir por miedo a las consecuencias. El dueño pensará que su tratamiento ha funcionado y lo recomendará a sus amigos. Sin embargo, la causa real del problema –el miedo a los extraños– sigue sin tratarse y cuando un día el perro se sienta gravemente amenazado, morderá sin avisar.

El conocimiento es la clave para curar con eficacia los problemas de conducta. El castigo puede parecer un método eficaz, pero pocas veces lo es. Si tienes problemas con la conducta de tu cachorro, intenta pensar las cosas desde su

Una relación con tu cachorro basada en el cariño y la confianza sentará las bases para una buena conducta cuando crezca.

punto de vista. Esto con frecuencia te llevará a dar con una solución mucho mejor que aquella concebida para facilitarle las cosas. Necesitamos usar la inteligencia para resolver problemas, en vez de recurrir a la agresión con el fin de obligar a nuestro perro a comportarse.

Muchos perros son castigados por no entender lo que sus dueños quieren que hagan. El adiestramiento es un proceso largo, y pocos dueños se toman el tiempo necesario para conseguir un perro bien entrenado. Muchas personas no entienden que hay que repetir muchas veces un ejercicio para que los perros aprendan las órdenes verbales y, como resultado, esperan demasiado de ellos. El castigo no ayudará al perro a aprender más deprisa.

Problemas de conducta

Si, al madurar tu cachorro, desarrolla problemas de conducta que no entiendes o no sabes tratar, busca la ayuda de alguien preparado para corregir tales problemas. Tu veterinario sabrá remitirte a un asesor sobre conducta canina miembro de la Association of Pet Behaviour Counsellors (véanse detalles en la página 203).

No desesperes si las cosas se tuercen. Los dueños con frecuencia tienen problemas con la conducta de sus perros, sobre todo durante los primeros años, y no es ninguna desgracia admitirlo. Siempre es mejor buscar ayuda y buenos consejos cuanto antes mejor.

CAPÍTULO 9

Juguetes y juegos

El modo en que jugamos con otros cachorros es más importante de lo que mucha gente piensa. Este capítulo sirve para que tu cachorro aprenda sólo cosas buenas de las sesiones de juego y para que aprenda a canalizar sus energías en juegos divertidos con seres humanos en vez de aplicarlas de formas inapropiadas.

Por qué jugar es tan importante

Los cachorros que aprenden a jugar con seres humanos crecen siendo perros que ven a las personas como fuente de satisfacción y alegría. Resulta mucho más divertido tener a estos perros y además son más sociables. Probablemente lleven una vida mejor en la sociedad de los hombres que los que sólo han aprendido a jugar con otros perros.

Jugar es más que una forma de que os divirtáis tu perro y tú, aunque divertirse durante los juegos sea esencial. Los juegos permiten a los participantes descubrir cosas sobre los demás y aprender sobre las cualidades, rasgos y puntos fuertes y débiles del otro jugador. El miedo a lo desconocido se reduce durante el juego, ya que el cachorro y su dueño se familiarizan el uno con el otro. Se descubren nuevas cosas mientras ambos buscan el modo de mejorar el juego, y mejorará el entendimiento entre los jugadores.

Jugar habitualmente con un cachorro desarrolla un fuerte lazo entre los dos. Es posible ver a un perro a diario durante años y ser su única fuente de alimentación y, aun así, no desarrollar un fuerte lazo entre los dos. Por el contrario, varias sesiones de juego ayudan a crear una relación de

Jugar con tu cachorro es divertido y un medio para estrechar lazos y desarrollar la confianza.

Los cachorros son por naturaleza juguetones y es importante canalizar esta energía a través de juegos con juguetes.

afecto y ofrecen un medio para establecer una amistad y alcanzar mutua confianza. Ser amigo de tu cachorro es esencial para poder adiestrarlo con facilidad y eficacia. Si realmente quiere complacerte, y te divierte estar con él, se esforzará por hacer lo que le pides.

Cuantos más juegos practiques con tu cachorro, más considerará que eres lo más interesante del mundo. Cuanto más quiera estar contigo y agradarte, más fácil te resultará controlarlo.

Si tu cachorro camina junto a ti al pasear, a la espera de que le lances un juguete, no se marchará de vagabundeo ni se meterá en problemas. Si quiere dar caza al juguete que llevas contigo, no buscará su propia diversión persiguiendo gatos, corredores, ganado o ciclistas. Como tú eres lo más interesante, es probable que vuelva corriendo a ti por si estás a punto de jugar con él, y no se irá con otros perros del parque ni hará que llegues tarde al trabajo mientras tratas de cogerlo.

Los juegos también son una válvula de escape para el instinto cazador natural de los perros, que muchos conservan. Dirigir el deseo instintivo del perro por cazar, perseguir y matar presas contra los juguetes evitará que busque dar rienda suelta a su instinto en otra parte. Algunos perros, sobre todo los de razas de trabajo, se crían para ser físicamente activos y estar alerta mentalmente todo el día. Esto no es posible con la mayoría de los perros de compañía y, en ausencia de algún trabajo que realizar, el juego es un útil sustituto.

El ejercicio físico y mental adecuado es esencial, sobre todo a medida que el cachorro madura y se convierte en un adulto joven. La

La raza de tu cachorro dictará su juego favorito. Razas como este Staffordshire bull terrier prefieren los juegos de halar y agarrar.

falta de ejercicio puede convertirlo en un perro aburrido, descontento y con muchas energías con las que no sabe qué hacer. Con frecuencia estos excesos de energía son la causa de conductas indeseables, pues el perro encuentra válvulas de escape alternativas. Varias sesiones de juego agotadoras, a intervalos variables a lo largo del día, pueden convertir al cachorro en un perro equilibrado, contento y con ganas de que vuelvas a sacar los juguetes.

Como los cachorros (sobre todo los de razas grandes y pesadas) no deben pasear largas distancias hasta que sus huesos hayan madurado, jugar con juguetes les brinda un estupendo medio para gastar sus energías desbordantes. Varias sesiones cortas de juego a lo largo del día son preferibles a una sola sesión larga. Intenta jugar con tu cachorro cuando se porte bien, es decir, cuando no esté haciendo algo que desapruebas. De ese modo estarás recompensando su buena conducta y será más probable que siga con esa conducta en el futuro. Si sólo sacas los juguetes cuando se está poniendo pesado, su conducta general empeorará.

Una vez que el cachorro sepa lo divertidos que pueden ser los juegos con juguetes, puedes usar esos mismos juguetes como recompensa de un ejercicio de adiestramiento. Los juegos con juguetes también te pueden servir de otro modo, por ejemplo, para vencer la timidez del cachorro con otras personas o con cualquier otro miedo que pueda desarrollar (véase la página 68).

Distintos juegos para distintos perros

Un juguete puede ser cualquier cosa que no sea

Los terrier a menudo disfrutan jugando con juguetes que chillan porque hacen un ruido parecido al de una presa capturada.

tóxica y no se rompa en astillas y cause daños; por ejemplo, un viejo calcetín rellenado con otros calcetines viejos o un trozo de tela resistente con piel o lana. Los juguetes siempre deben tener tamaño suficiente para que no se los puedan tragar, y se deben retirar antes de que se rompan en piezas más pequeñas.

Los cachorros pequeños prefieren objetos blandos similares a sus hermanos de camada, así que compra juguetes blandos y peludos en las tiendas de mascotas o en las tiendas benéficas. Los cachorros suelen preferirlos hasta que llegan a la adolescencia, cuando empiezan a optar por juguetes más duros y sólidos que se puedan lanzar más lejos.

Como las distintas razas de perros cumplen distintos propósitos y como los juegos son un sustituto del trabajo que solían realizar, cada raza prefiere distintos tipos de juegos. Hay básicamente tres tipos de juegos:

- **Juegos de persecución:** a menudo preferidos por los perros de pastoreo, los perros de caza y los podencos.
- **Juegos de posesión:** por lo general preferidos por las razas de guarda y bull.
- **Juegos de zarandear (con juguetes que chillan):** a menudo preferidos por las razas terrier.

La mayoría de los cachorros juegan a todos los juegos, pero con frecuencia prefieren un tipo a otros. A medida que tu cachorro crezca y muestre una preferencia, es aconsejable comprar juguetes adecuados para ese juego concreto. Es mucho más fácil jugar a juegos de persecución con bolas y discos voladores que con una cuerda anudada. De forma similar, es más fácil quitarle de la boca un juguete de goma a un cachorro al que le gustan los juegos de halar y agarrar que intentarlo con una pelota.

Anunciar los cambios con juguetes servirá para que tu cachorro y tú sigáis interesados. Los cachorros no son diferentes a los niños en ese sentido, y ocasionalmente apreciarán un juguete nuevo o un juego diferente. Como también tú participas en el juego, tendrás que mantener también el interés por él, por lo que a veces un juguete nuevo (o el redescubrimiento de uno antiguo) puede aumentar la diversión.

Lleva un juguete en un bolsillo del abrigo para que siempre tengas uno a mano cuando salgas a pasear. Jugar con juguetes en vez de con palos evitará heridas en la boca, los ojos y la cara del cachorro. Estos accidentes se producen a menudo cuando un extremo del palo se queda clavado en el suelo, el cachorro no puede parar a tiempo y se precipita sobre el otro extremo. No hagas caso a tu perro cuando coja un palo y pronto aprenderá que es más divertido jugar con los juguetes que llevas contigo.

Es una buena idea guardar un juguete en cada habitación para tener siempre uno a tu alcance. Sólo necesitarás un poco de tiempo para jugar y, si tienes juguetes disponibles, podrás jugar siempre que tengas unos minutos libres.

Juegos con juguetes frente a juegos de lucha

Para todos los animales jóvenes, el juego es un medio importante para aprender destrezas y estrategias. Los cachorros aprenden mucho de esta forma, por lo que es esencial que aprendan correctamente. Los juegos que le enseñes, las reglas que se apliquen y las habilidades que aprenden durante estos juegos afectarán al modo en que se comporten más adelante.

Por esta razón, se debe enseñar a los cachorros el modo de jugar con los juguetes, en vez de dejarles que sigan su instinto natural de jugar a morder. Un cachorro al que se incite a tumbarse y luchar con seres humanos, a morder brazos y piernas, adquirirá mucha práctica en estas habilidades. Incluso los perros de buen temperamento pueden morder en ciertas circunstancias (por ejemplo, si resultan heridos en un accidente y sienten mucho dolor), y es menos probable que las personas sufran mordeduras si el perro no tiene una idea clara de cómo comportarse.

Las destrezas que aprendan de cachorros las llevarán a la práctica más adelante. Si no quieres que tu perro aprenda a morder a las personas, en caso de que decida que es necesario hacerlo, no le enseñes ahora cómo se hace. El cachorro recordará lo que aprenda jugando si tiene que reaccionar con rapidez en momentos de tensión o excitación. Enseñarle que no hay necesidad de morder también es importante (véase la página 114), pero, si no quieres que un perro sepa morder a las personas, no le enseñes; canaliza su tendencia a morder hacia los juguetes.

Jugar a morder

Cuando tu cachorro llegue por primera vez a tu hogar, ya estará acostumbrado a jugar con sus hermanos. Jugar a morder es un juego natural de los cachorros y, cuando se haya acostumbrado a

Usa un juguete blando y grande para jugar con tu cachorro y no dejes de moverlo para que sea más emocionante la persecución y la cobranza.

tu casa, intentará jugar contigo de este modo. Tendrás que enseñarle a jugar contigo usando juguetes para ello (véase en la página 114 detalles sobre una tendencia excesiva a jugar a morder).

Ten listo un juguete blando y grande siempre que quieras dedicarle algo de tiempo durante las primeras semanas. A medida que se excite, probablemente comience a mordisquearte las manos o te muerda los dedos. Cierra la mano que te está mordiendo para dificultarle la acción, mantenla quieta y distráele en seguida ofreciéndole un juguete. Vuelve el juego más interesante manteniendo el juguete en movimiento, agitándolo o haciéndolo rodar por el suelo delante de ti (si lo lanzas, no sabrá dónde ha ido porque los benjamines tienen que aprender esta maniobra). Al principio intentará morderte las manos en movimiento en vez del juguete, pero persevera y pronto aprenderá que los juguetes son mucho más divertidos.

A medida que tu cachorro aprenda a jugar con juguetes, establece la regla de que toda conducta inaceptable provocará el fin del juego. En las conductas inaceptables incluiremos todo lo que no queramos que haga cuando sea adulto. Imagina cuando haya crecido del todo y quiera jugar con un niño. ¿Será aceptable que gruña al niño, incluso jugando? ¿Se sobresaltará el niño si el perro le muerde los dedos jugando a tirar de un juguete para que lo suelte? ¿Es adecuado que el perro se aproxime corriendo al niño e intente arrebatarle el juguete de un mordisco?

Recuerda, todo lo que le enseñes ahora se convertirá en la conducta normal de tu perro cuando crezca. Pon fin a cualquier conducta inaceptable dando el juego por terminado sin alterarte y alejándote con el juguete en cuanto ocurra. Tu cachorro aprenderá pronto qué provoca que el juego termine y comenzará a evitar esa conducta para que el juego no termine.

Conserva algunos juguetes para ti

Es esencial que tu cachorro tenga juguetes variados y juguetes para morder con que entretenerse en todo momento, ya que esto evitará que muerda y juegue con objetos valiosos de la casa. No participes en los juegos con esos juguetes, pero ten otros en tu posesión. Esos juguetes le resultarán más interesantes a tu cachorro que los otros, porque los asociará a jugar contigo, por lo cual significarán mucho más para él y luchará más arduo para conseguirlos.

Estos juguetes también pueden ser más delicados que los que el cachorro tiene en todo momento. Los juguetes que chillan, por ejemplo, durarán más si sólo juega con ellos cuando estés presente; los destrozaría a mordiscos con rapidez si se los dejáramos durante la dentición. Los dueños a menudo dicen que su perro no tiene juguetes porque, en cuanto se le entrega uno

Ejercicio: La cobranza

1 Comienza tomando el pelo al cachorro con el juguete y hazlo rodar suavemente por el suelo. En cuanto el cachorro empiece a correr tras él, dale una orden (como «busca») para que comience a asociar esa palabra con correr a atrapar cosas.

2 Una vez haya cogido el juguete, elógialo en voz alta e invítalo a volver. Si tu voz suene lo bastante entusiasmada, probablemente vuelva al trote llevando el juguete en la boca y moviendo la cola. Mantén quietas las manos, para que no crea que vas a arrebatarle el juguete, en cuyo caso tal vez no llegue hasta ti y se tumbe con el juguete en otro lugar.

nuevo, lo entierra, lo despedaza o lo esconde. Al darle juguetes indestructibles para que juegue solo y guardando tú los más delicados, siempre tendrás juguetes para jugar con el cachorro, y dichos juguetes conservarán la novedad, serán interesantes y seguros.

Enseñar la cobranza

Se trata de un ejercicio útil porque permite recuperar los juguetes con rapidez y conservar el control del juego. Jugar a «buscar y traer» es una forma sencilla de que tu cachorro haga ejercicio, y cobrar una presa representa la base de muchos otros juegos a los que puedes jugar con él, además de poder enseñarle trucos útiles como ir a buscar el correo o ayudarte a meter la compra en casa. Enseñar a un cachorro la cobranza es fácil si empiezas a temprana edad, antes de que haya aprendido a pasar de las personas en cuanto tenga el juguete.

Niños y juegos

Los niños y los perros suelen jugar y divertirse juntos, porque ambos obtienen mucha diversión de la experiencia y aprenden mucho durante el proceso. No obstante, los cachorros pueden aprender igual de fácilmente malas artes y conductas correctas; por eso, es esencial que haya presente un adulto durante las sesiones de juego para supervisar con discreción.

3 Cuando vuelva a ti, no toques el juguete, y acarícialo con efusión excepto en la región de la cabeza. Si buscas directamente el juguete aprenderá a evitarte y acabará por no volver a tu lado. Cuando haya tenido el juguete varios minutos (¡ten paciencia!), tal vez lo suelte voluntariamente o se tumbe a mordisquearlo. Coge el juguete y espera a que lo suelte. Al soltarlo, dale una orden como «suelta» y hazte con el juguete. Elógialo y lanza de nuevo el juguete para que corra por él. A medida que el cachorro se haga mayor y adquiera el hábito de regresar a tu lado, podrás empezar a quitarle antes el juguete (véase en la página 105 los consejos para que «suelte» a tu orden).

Supervisa a los niños cuando jueguen con el cachorro para asegurarte de que ambos están aprendiendo conductas aceptables.

Recuerda que todo lo que el cachorro aprenda de pequeño constituirá un patrón de su futura conducta. Los niños tal vez no quieran hacer ningún daño al cachorro, pero no siempre son conscientes de las consecuencias de sus acciones. Observa a qué juega tu cachorro con los niños. Si comienza a jugar de forma inaceptable, corrígelo o anima a los niños a cambiar de juego.

Que los juegos sean divertidos

Los cachorros son juguetones por naturaleza y no resulta difícil incitarlos a jugar desde el principio. La única excepción pueden ser los cachorros tímidos, que tal vez necesiten tiempo y que se los anime sin asustarlos antes de hacer acopio de suficiente valor como para intentar jugar.

Lo que hagas durante los juegos influirá mucho en que el cachorro te considere un compañero de juegos divertido o no. Los niños suelen ser los mejores, porque a menudo están menos inhibidos que los adultos. Imitarlos chillando, moviéndose con rapidez, riendo y mostrando emociones hace que los cachorros se exciten también. ¡Vuelve a ser un niño!

Si eres una persona reservada, poco dada a mostrar una conducta juguetona en público, practica en privado. Se convertirá en un hábito y te encontrarás jugando con tu cachorro también cuando haya compañía. La gente no pensará nada; todo el mundo espera que los dueños jueguen con sus perros, sobre todo cuando estos son cachorros.

El movimiento excita a los cachorros, así que no dejes de mover el juguete de forma errática. Atar el juguete del cachorro a un cordel y hacer que el juguete «salte» puede animar a un cachorro reacio, o dotar de nuevo interés a un juego viejo. Ten invención y prueba juegos nuevos siempre que alguno de los dos comencéis a aburriros. Haz que los juegos también sean divertidos para ti. Nada motiva más a un cachorro que nuestras sonrisas y risas.

La competición anima a algunos cachorros a tratar de apoderarse del juguete con más encono. Si lanzas un juguete y dejas que tu cachorro vaya a buscarlo, él disfrutará de la captura. Sin embargo, si lo lanzas y en ocasiones corres también a cogerlo, apoderándote de él antes de que lo haga el cachorro, o dejando a veces que sea él quien llegue primero, pondrá más esfuerzo la próxima vez y se divertirá más. Tomarle el pelo moviendo el juguete sin que lo atrape antes de lanzarlo tendrá un efecto similar, pero no te excedas y no dejes que lo hagan los niños, porque a menudo abusarán de este recurso.

Los momentos excitantes del día

Los cachorros querrán jugar siempre que se exciten por algo. Esto puede suceder en cualquier momento, cuando llegas a casa o cuando acuden visitas. Durante esos momentos de excitación los perros a menudo juegan a su juego favorito. Los perros labrador tal vez acudan a ti con una zapatilla en la boca nada más abrir la puerta de casa; los terrier tal vez atrapen, zarandeen y «maten» el correo que sobresale del buzón, y algunos perros tal vez quieran jugar a halar y agarrar la correa durante la excitación inicial mientras te preparas para sacarlo a pasear. Se puede utilizar este deseo para animar a un cachorro retraído a que juegue contigo, sacando los juguetes siempre que algo lo excite.

Los cachorros intentarán jugar a su juego favorito, como este con una zapatilla en la boca, siempre que se emocionen.

Por ejemplo, ten un juguete junto a la puerta y juega con él cuando llegues a casa. Si relacionas las cosas excitantes del día con la aparición del juguete, al final su aparición también resultará excitante. Como a los perros les gusta jugar a su juego favorito cuando se excitan, el cachorro querrá jugar con el juguete siempre que aparezca a su vista. Esto supondrá una ventaja añadida al evitar que busque otro, o quiera juegos inapropiados cuando esté excitado.

Al principio, no intentes ejercer demasiado control sobre los juegos ni pongas demasiadas reglas. Nada desalienta tanto a un perro como jugar con alguien mandón o que siempre toma el control. No será hasta mucho más adelante cuando deberás insistir en que la cobranza sea perfecta o le hagas sentarse y estar quieto (véase la página 186) antes de permitirle perseguir el juguete. Primero tienes que conseguir que el juego lo entusiasme y ya asumirás el control más adelante.

Intenta no enfadarte durante el juego si no sale como deseas. Detén el juego y tómate tiempo para pensar qué ha salido mal y cómo evitarlo la próxima vez, sin llegar a un enfrentamiento con tu cachorro. No te obligues a jugar si no quieres o estás muy cansado. Si te comportas mal durante el juego, el cachorro se desencantará y le enseñarás que no eres digno de confianza. Termina siempre los juegos con algo emocionante, antes de que tu cachorro o tú os canséis del juego.

Los juegos deben ser un entretenimiento y una fuente de diversión para los dos. Si todos los juegos resultan divertidos, ambos lo pasaréis en grande y se estrechará vuestra unión.

Control de los juegos

Si quieres que de adulto tu perro esté siempre bajo control y sea obediente, incluso durante momentos de tensión y excitación, enseñar a tu cachorro a controlarse durante el juego es esencial. Las lecciones y rutinas aprendidas durante los juegos serán valiosísimas en el día a día, así como en momentos de crisis. Este control se vuelve especialmente importante si has adquirido un cachorro de una raza gigante o con mucha fuerza.

Imagínate a tu cachorro ya adulto, corriendo tras el gato de tu vecino que se dirige a toda velocidad hacia una calle con tráfico; o suelto en un campo ocupado por un rebaño. ¿Qué posibilidades tienes de que acuda a tu orden si no consigues que se pare cuando está en plena carrera tras una pelota en movimiento? Si no consigues que suelte un juguete que chilla, ¿cómo lo detendrás cuando se abalance sobre un hámster, o cuando oiga que la cobaya del vecino chilla al otro lado de la puerta? Si no consigues que suelte un juguete a tu orden cuando juguéis a tirar y ganar la posesión, ¿qué ocurrirá cuando comience a jugar con la manga del abrigo de un niño que chilla de miedo, y tienes que llegar hasta él y pelearte para que lo suelte?

Enseñar al cachorro a obedecer ciertas órdenes de control durante los juegos te permitirá controlarlo en momentos de excitación o en situaciones estresantes. Tener el control de los juegos significa que tienes al cachorro bajo control. Estas lecciones de control sólo se deben enseñar una vez que el cachorro se entusiasma con el juego. No esperes milagros al principio.

Pide a tu cachorro que se siente y espere unos segundos hasta que lances el juguete; eso le enseñará autocontrol y buena educación.

Pasa por dentro del collar una cuerda para sujetar al cachorro una vez hayas lanzado la pelota hasta que se relaje y le des permiso para perseguirla.

Recuerda que tu cachorro todavía es muy pequeño y que le llevará tiempo aprender a reprimirse.

Juegos de persecución

Asumir el control de los juegos de persecución es muy importante si tu cachorro es de alguna raza de podencos o de pastoreo, sobre todo si será grande y fuerte de mayor. Tu cachorro tiene que aprender dos cosas:

- A esperar mientras lanzas un juguete tentador en movimiento y no correr tras él hasta que le hayas dado permiso.
- A volver a tu lado cuando se lo ordenes, aunque esté en plena persecución del juguete.

Esperar permiso para la persecución

Durante una sesión de juego, de vez en cuando pasa alrededor del collar de tu cachorro una cuerda, ase ambos cabos y dile «espera» mientras lanzas el juguete. Él intentará arrancar y perseguir el juguete nada más lanzarlo, pero le impedirás hacerlo asiendo con fuerza la cuerda. Aguanta si forcejea y espera hasta que acepte en calma tu imposición. Elógialo suavemente por esperar. A continuación suelta uno de los extremos de la cuerda para liberarlo, da la orden de «busca» y anímalo a cobrar el juguete.

Recompénsalo con cierta frecuencia por permanecer a tu lado, asiéndole por la correa y dejando caer su juguete favorito mientras lo alabas y lo mantienes a tu lado. Si lo mantienes en la incertidumbre de si tiene que correr a por el juguete o si el juguete procederá de ti, aprenderá a esperar a que decidas lo que debe hacer.

Cuando te puedas fiar de que esperará a que le des una orden, ya no necesitarás retenerlo, aunque asegúrate de que la orden está bien impresa en su mente y retenlo si fuera necesario en algún momento. Recuerda que el control reduce el entusiasmo, por lo que si el cachorro empieza a mostrarse reacio a correr, puedes estar abusando de este ejercicio y tendrás que permitirle perseguir el juguete a voluntad con más frecuencia.

Más tarde puedes prolongar este ejercicio haciendo que el objeto que persiga sea más interesante. Ordenar a tu cachorro que no corra tras un juguete conocido es una cosa; pedirle que no cace una liebre que acaba de salir corriendo por la hierba es otra. No obstante, es posible reproducir este grado de excitación planteando al cachorro un juego de persecución más emocionante. Todo dependerá de qué es lo que motiva a tu cachorro, aunque tal vez se consiga excitándolo y tirando lejos un nuevo juguete o, al ver que quiere unirse a un juego excitante con otros perros o niños, pedirle que esté quieto mientras los perros o los niños corren, antes de soltarlo para que juegue con ellos. Ten inventiva, observa a tu cachorro y pronto encontrarás algo emocionante con lo que practicar antes de que te enfrentes a una situación real.

Ejercicio: Llamada elemental durante una persecución

1 Necesitarás a dos personas y dos juguetes. Comienza lanzando un juguete más allá de tu compañero, quien estará de pie y mirándote a cierta distancia. Haz esto varias veces y deja que el cachorro corra tras el juguete y lo traiga de vuelta.

Llamada elemental durante una persecución

Es un ejercicio muy útil porque todos los perros, en algún momento de su vida, estarán tentados de cazar algo que no deberían. Ordenar a tu perro que vuelva si se lanza a perseguir un objeto en movimiento es algo que pocos dueños son capaces de hacer, aunque es fácil de enseñar, sobre todo si el cachorro es joven. Necesitas haber conseguido que tu perro vuelva a tu orden después de correr a por un juguete antes de enseñarle esta destreza, y el ejercicio sólo se debe practicar con cachorros de más de 20 semanas porque tienen que correr mucho, lo cual no sería adecuado para los huesos y articulaciones en desarrollo de un benjamín.

Como sólo estás impidiendo al cachorro que corra tras la primera pelota en uno de cada diez lanzamientos, no lograrás mucho antes de que tu cachorro se agote. Pueden pasar varias semanas antes de que comience a captar el mensaje, así que ten paciencia. Con práctica podrás confiar más en él. Si gritas «¡Suelta!» en más de uno de cada diez lanzamientos, comenzará a dudar antes de salir corriendo, y eso reducirá la eficacia del ejercicio.

Una vez tu orden sea obedecida, necesitarás volver a enseñársela en circunstancias más excitantes, como cuando espere permiso para iniciar el ejercicio de persecución (véase la página 103), hasta que, finalmente, estará tan bien entrenado que abandonará la persecución de cualquier cosa que esté cazando.

Ejercicios de halar y agarrar

Cuando juegues a halar y agarrar, gana más veces de las que pierdas. Si siempre ganas, tu cachorro perderá rápidamente el interés por el juego (a ningún perro o persona le gustan los

2 En uno de cada diez lanzamientos, y de forma aleatoria, lanza el juguete hacia tu compañero, quien lo atrapará y lo esconderá. En cuanto el cachorro comience a correr tras el juguete, grita «¡Déjalo!». Como ha desaparecido el juguete que estaba persiguiendo, terminará mirando hacia ti para averiguar si lo tienes tú.

Cuando esto suceda, jaléalo con otro juguete y lánzalo en dirección opuesta. Deja que lo atrape y lo cobre, pero intenta que esta persecución resulte más emocionante, sea pretendiendo correr tú también a por él, sea lanzando un juguete más interesante.

Al final tu cachorro aprenderá que cuando oye la orden «¡Suelta!», de nada sirve continuar con la persecución, porque le aguarda un juego más emocionante si vuelve a tu lado.

juegos que no se le dan bien). Si dejas ganar siempre a tu cachorro, pensará que es más fuerte que tú. Al ganar más veces de las que pierdes, el cachorro disfrutará jugando y le estarás transmitiendo el mensaje correcto sobre su estatus y fuerza.

Dejarle ganar ocasionalmente significa tener que soltar el juguete en algún momento. Si te cuesta mucho recuperarlo cuando lo sueltas, átale una cuerda de dos metros al collar antes de hacerlo. Si el cachorro juega a esquivarte y no te devuelve el juguete, o si corre o se esconde, deja de hacerle caso, coge la cuerda y tira de él para recuperar el juguete. (Acuérdate siempre de quitarle la cuerda cuando termines de jugar).

Recuerda que la boca de los cachorros está plagada de dientes que están cayendo o que están creciendo. Por esta razón no debes jugar demasiado fuerte. Deja que sea él quien tire del juguete. Tú actuarás de ancla y añadirás emoción tirando ocasionalmente del juguete. No levantes el juguete y espera a que el cachorro lo suelte como medio para recuperarlo, porque podrías hacerle daño en la boca.

Tu cachorro necesitará aprender a dejar de tirar y soltar el juguete cuando se lo pidas incluso durante un juego muy emocionante. Es útil contar con juguetes para jugar a halar y agarrar en este ejercicio: uno que sea su favorito y otro que no lo sea.

Ejercicio: Juegos de halar y agarrar

1 Comienza por invitar a tu cachorro a tirar con la boca de alguno de sus juguetes que menos le guste. Pasados unos segundos, mueve el juguete hacia ti y mantenlo lo más quieto posible. Poner una galleta cerca de su morro hará quizás que lo suelte con más rapidez. Cuando empiece a soltar el juguete, dale una orden (como «¡suelta!»).

Al principio, enséñale sólo este ejercicio cuando el juego no sea emocionante; es decir, cuando acabes de empezar a jugar. Sigue los pasos 1 y 2 más adelante.

Comienza gradualmente a usar la orden verbal durante los momentos más excitantes del juego, habiendo tirado antes del juguete hacia ti para que mantenerlo quieto cuando des la orden. Avanza gradualmente hasta decir «suelta» cuando tu cachorro esté tirando con fuerza para quedarse el juguete. Si no lo suelta en seguida, vuelve a practicar en un momento menos excitante del juego y avanza con más lentitud.

Tu cachorro aprenderá que al oír la orden «¡suelta!», el juego se vuelve aburrido y que, si lo suelta, recibe una galleta, una alabanza y se inicia un juego más excitante con otro juguete. A continuación comenzará a soltar el juguete siempre que oiga «suelta».

Juegos de «zarandear»

Los perros a los que les gusta atacar juguetes que chillan a menudo conservan un carácter predador que es fácil excitar. Como su conducta con los juguetes que chillan representa de lo que son capaces, se debe tener cuidado cuando estén cerca de mascotas pequeñas. Poner algunas reglas al juego te dará el control que requerirás cuando sea necesario. Tu cachorro necesitará aprender dos cosas:

△ **2** Cuando suelte el juguete, dale la galleta, elógialo y ofrécele un juego con su juguete favorito. Practica en sesiones cortas, hasta que aprenda a soltar el juguete en cuanto oiga la orden «suelta». Recuerda recompensarle bien siempre que te obedezca.

• Volver a tu lado cuando lo llames, incluso si está persiguiendo del juguete.
• Dejar de «zarandear» al juguete y dejarlo en el suelo.

Lo primero se puede enseñar usando la técnica de llamada elemental antes mostrada (véase la página 104), pero usa en ese caso dos juguetes que chillen. Lo segundo es fácil de enseñar usando el ejercicio de zarandear que aquí mostramos, siempre y cuando comiences cuando el cachorro todavía es joven. Sigue los pasos 1 a 3 que mostramos abajo para enseñar a tu cachorro a soltar el juguete cuando se lo pidas.

Si está más interesado en el juguete que en la galleta, mantén quieto el juguete, pero intenta sacar todo el aire que contiene (para que deje de chillar cuando el cachorro lo muerda) antes de intentar de nuevo que lo suelte. Como el juguete se ha vuelto anodino, el cachorro comenzará a interesarse más por la galleta. Si tampoco tienes éxito, intenta ofrecerle otro juguete que chille.

Ejercicio: Juegos de zarandear

1 Comienza por mostrar y negar el juguete que menos le guste al cachorro y luego deja que lo atrape con la boca pero sin dejar de asirlo con firmeza.

2 Deja que lo muerda y chille unas cuantas veces, luego ponle una galleta delante del morro. Cuando huela la galleta es probable que deje el juguete para comerse la recompensa.

Practica con frecuencia, en sesiones cortas, hasta que tu cachorro comience a soltar el juguete en cuanto oiga «¡suelta!» por saber que obtendrá una galleta o su juguete favorito., Cuando obedezca esta orden, inténtalo sin agarrar el juguete con la mano. Mantén al perro cerca de ti para poder asirlo como antes si fuera necesario. Al final conseguirás hacerlo a cierta distancia. Tu cachorro dejará el juguete que chilla con el que está jugando cuando te oiga decir «suelta» porque ahora sabe que viene una galleta, una alabanza y un juego más emocionante. Al final, se convertirá en una reacción automática.

3 Dale la orden «¡suelta!» cuando deje el juguete. Poco a poco comenzará a asociar esta orden con dejar el juguete en el suelo. Disimuladamente, apártalo un poco del juguete y recompénsalo con grandes alabanzas, con la galleta y un juego realmente emocionante con su juguete que chilla favorito.

Otros juegos

Una vez que tu cachorro sepa jugar con juguetes, no habrá límite a los juegos que puedas enseñarle. A continuación presentamos unos pocos, pero si tienes imaginación podrás modificarlos o inventar otros propios. A medida que tu cachorro se vaya «educando», los juegos se volverán más complejos, lo cual resultará más interesante para los dos.

«¡Busca!»

La meta de este juego es que tu cachorro encuentre un juguete escondido usando el olfato. Es una forma estupenda de que tu cachorro agote su energía mental antes dejarlo solo en casa si tienes que salir. Se puede practicar en casa o al aire libre y, una vez que hayan aprendido a jugar, los perros disfrutarán con su práctica.

Comienza asiendo al perro por el collar y deja que vea cómo lanzas un juguete hacia la hierba alta o se aleja rodando bajo una silla y deja de verlo. Suéltalo incitándolo animadamente con un «¡busca!» y acompáñalo en su pesquisa. En cuanto encuentre el juguete, elógialo con entusiasmo y anímalo a recogerlo y llevarlo de vuelta a donde empezasteis.

Progresa lentamente, animándolo a encontrar juguetes lanzados a distintos sitios fuera de su vista. A continuación, comienza a cubrir sus ojos o usa tu cuerpo como pantalla al lanzar el juguete, de modo que no vea dónde cae. Al principio, intenta que el juguete caiga con un golpe al tocar el suelo, de modo que tu cachorro sepa que está en algún sitio.

Al final podrás decir a tu cachorro «busca» y sabrá que hay un juguete escondido en algún lugar cercano o debajo de algún objeto cercano. Elogia siempre a tu cachorro y juega con el juguete «capturado» siempre que haya dado con él.

Correr a buscar la zapatilla

La meta de este juego es que tu cachorro cobre un artículo de la casa. Es otra forma buena de que consuma energía mental. Aunque tu cachorro no sepa hablar, podrá aprender palabras que se le repitan con claridad y suficiente frecuencia.

Deja que tu cachorro vea al principio dónde está el juguete antes de espolearlo a buscarlo cuando lo escondas más tarde.

Como estará jugando alegremente, pronto aprenderá los nombres de los artículos que le mandas a buscar y podrás convertir este juego en algo realmente útil, como que vaya a buscarte las zapatillas o el periódico en otra habitación.

Comienza por lanzar fuerza dos artículos distintos, por ejemplo, un juguete y un calcetín anudado. Deja que el cachorro corra tras ellos y fíjate en de cuál de ellos se apodera. Celébralo profusamente cuando vuelva a ti y juega con él usando el artículo que haya apresado. Recupera el otro objeto y lanza ambos de nuevo, esta vez diciéndole «ibusca el... i», pronunciando el nombre del artículo que trajo primero porque es el que probablemente traiga de vuelta. Cuando traiga el objeto correcto, elógialo y repite el nombre de este objeto concreto una y otra vez. Si te trae el objeto equivocado, quítaselo sin elogiarlo y envíalo a por el otro. Concéntrate en el mismo objeto durante varias sesiones hasta que te traiga siempre el objeto nombrado.

Necesitarás enseñarle el nombre de otro objeto justamente del mismo modo, usando dos objetos diferentes a los dos primeros. Una vez que sepa los nombres de los dos objetos, lánzalos a la vez y pídele que te traiga uno y luego el otro. Si te trae el juguete equivocado, no lo riñas, pero tampoco lo elogies. Limítate a quitarle en silencio el objeto, repite el nombre del objeto que quieres que cobre y vuélvelo a mandar. Cuando te lo traiga, celébralo con caricias y jugando con él con ese juguete.

Repetido con suficiente frecuencia, este juego te permitirá enseñarle las palabras de todos los objetos que tengas la paciencia de enseñarle, y puede ser un buen truco para que traiga el objeto correcto de entre un montón de objetos distintos.

Juegos para perros desarrollados

Los dueños de perros crecidos a menudo los llevan a competir con otros perros y dueños. Elige una de las siguientes categorías.

Los juegos divertidos con juguetes mantendrán a tu cachorro ocupado y evitarán que cometa travesuras.

Los juegos de agilidad requieren celeridad y una actividad frenética y los perros disfrutan con ellos.

Agilidad

Los perros aprenden a pasar por túneles, aros, vallas de salto y vallas horizontales, pasarelas y rampas. Esto se hace siguiendo un circuito a toda velocidad y contra reloj, como en las pruebas hípicas. El presentador corre alrededor del circuito y controla la dirección del perro pero sin llevarlo con cadena. Los perros compiten con otros por terminar el recorrido en el menor tiempo posible y con el número mínimo de fallos.

Bailar con perros

Los presentadores enseñan a sus perros «movimientos», que se vinculan para crear una coreografía. Esto permite crear espectáculos fantásticos en los que el perro parece «bailar» con el presentador. Los ejercicios tienen que seguir un «programa», con precisión en la ejecución e interpretación musical.

Obediencia

Los perros aprenden a responder con precisión obedeciendo órdenes como «talones», «sentado», «de pie», «tumbado» y «quieto». Aprenden a cobrar objetos con olor sin hacer caso a los que no huelen, y a ir a un lugar específico. La precisión es muy importante y los presentadores compiten por obtener los puntos, que se pierden fácilmente si las posiciones no son exactas.

Pruebas de trabajo

Es un juego (serio) en que a menudo participan los perros policía y sus presentadores porque intervienen muchos de los elementos que hace a un perro útil para la policía. En estas pruebas los perros aprenden a seguir rastros y buscar objetos perdidos, aprenden a saltar una valla de 1,8 metros de altura y un obstáculo de 2,7 metros de longitud, y aprenden a caminar sobre las patas traseras, a cobrar una mancuerna, a acudir cuando los llaman, a estarse quietos si se lo piden y a ir a un lugar al que los manden los presentadores.

Flyball

Este juego consiste en enseñar al perro a pisar un pedal en una caja para que salga una pelota, que atrapa y lleva a su dueño. Suele haber una serie de vallas delante de la caja, que el perro tiene que saltar a la ida y a la vuelta. Una vez que el perro ha aprendido esto, los equipos de perros corren en competencia para ver cuál es el más rápido.

Labores de perros de caza

Si tienes un perro de caza, tal vez te interesen las labores de estos perros como una actividad posible. Ello no tiene que implicar disparar o cobrar piezas si esto le resulta desagradable. Las pruebas para perros de caza se celebran los meses de verano y comprenden una serie de pruebas idénticas para cada perro, basadas en cobrar muñecos de lona y en la obediencia. Son pruebas competitivas donde se marcan los resultados.

Labores acuáticas

Si eres dueño de una raza gigante como un perro de Terranova, tal vez te plantees usar de forma positiva su tendencia natural a meterse en el agua implicándolo en labores acuáticas. Se celebran pruebas regulares de adiestramiento donde los perros aprenden a nadar y a cobrar artículos en el agua. Luego pueden pasar a tareas más difíciles, como arrastrar personas o embarcaciones, y los perros más diestros aprenden a saltar de un bote y a buscar una «víctima» para remolcarla. Estas destrezas se pueden enseñar por diversión o evaluarse en pruebas donde el perro tiene que mostrar sus habilidades para pasar de nivel.

Estos juegos son para perros crecidos porque implican saltos que no son aconsejables para las extremidades en crecimiento. Se puede practicar con pequeños obstáculos a ras de suelo con cachorros mayores, pero lo mejor es esperar hasta que hayan madurado físicamente antes de avanzar. Otras partes de estos «juegos» se pueden entrenar a edad muy temprana, pero hay que recordar siempre que se trata de juegos y su intención es que disfruten los participantes.

Por desgracia para algunos perros, hay dueños que suprimen toda la diversión de estos juegos al adiestrar a los canes con demasiada dureza. Los dueños que mantienen la diversión y no agotan a sus perros suelen tener más éxito y, por supuesto, se lo pasan mejor que los que desean ganar a toda costa. Haz que los juegos sean siempre divertidos y tendrás un perro al que le encantará trabajar contigo en cualquier tarea que le encomiendes.

Las pruebas de trabajo exigen a los perros escalar un obstáculo de 1,8 metros de altura.

El flyball es un deporte que se practica a gran velocidad. Los perros saltan pequeñas vallas corriendo de un lado a otro siguiendo a la máquina que lanza la pelota.

CAPÍTULO 10

Prevención de mordeduras y agresiones

Este capítulo explica las causas principales de la conducta agresiva de los perros y sugiere medios para evitar que tu cachorro se enfrente a situaciones que puedan provocar que muerda. Los cachorros pocas veces muerden a conciencia hasta que alcanzan unos seis meses de edad a menos que la provocación sea extrema y tengan unos caracteres genéticos que los vuelvan muy impulsivos. Antes de esa edad suelen tener poca confianza en sus propias capacidades y tienden a confiar en otras estrategias, como son huir o apaciguar.

A medida que los cachorros maduran y crece su confianza, es más probable que recurran a la agresión para resolver sus problemas. A menudo los dueños no se dan cuenta de que el problema se está gestando hasta que su cachorro crece y se torna agresivo. Mediante el conocimiento de por qué muerden los perros, mediante la observación de signos iniciales que no son positivos y eliminando la necesidad de que los perros asuman la responsabilidad y metan mano (¡o boca!) al asunto, los dueños pueden reducir en gran medida las posibilidades de que su cachorro crezca siendo un perro mordedor.

Morder demasiado jugando

El propósito de morder jugando es divertirse, no es una agresión real; sin embargo, los cachorros tienen dientes afilados y algunos poseen poderosas mandíbulas, por lo que pueden hacer muchos daños en la piel y el músculo, sobre todo cuando son más mayores, si sus «juegos» son incontrolados.

Los perros pequeños jugarán como algo natural a morder dianas móviles, por lo que necesitan que les enseñen a orientar su tendencia hacia juguetes en vez de a las manos, los brazos o los pies (véase la página 96). Es un proceso relativamente sencillo, pero algunos cachorros muerden más y con más determinación que otros, sobre todo si se ha espoleado esa conducta. Más urgente es incluso desviar el deseo de morder jugando hacia los juguetes si el cachorro vive con niños o ancianos (cuya piel es mucho más fina).

Marcharse

Para controlar que no muerda demasiado jugando, prueba primero con el método mostrado en la página 96. Esfuérzate, usando un

Quedarse de pie y alejarse es el mejor método para poner fin a un juego y evitar que tu cachorro muerda jugando.

La costumbre de morder jugando se convertirá en un problema a medida que el cachorro madure. Tu perro necesitará aprender a morder los juguetes y no tus dedos.

juguete más grande si fuera necesario para evitar que el cachorro te muerda la piel accidentalmente. Si todavía tienes alguna dificultad, o si tu cachorro está decidido a morderte, levántate y márchate lentamente en cuanto sientas sus dientes en contacto con tu piel. No digas nada, no lo mires ni toques. Simplemente márchate para poner fin al juego y al contacto social. Haz esto cada vez que el cachorro se excite demasiado y comience a morderte en vez del juguete. Normalmente, los cachorros aprenden a no morder unos días después de empezar a aplicar este procedimiento, dado que asocian con rapidez que morder a las personas pone término al juego. Asegúrate de recurrir a múltiples juegos con juguetes o, de lo contrario, se desesperará por jugar e intentará jugar de la única forma que sabe.

A algunos cachorros los estimula el movimiento que supone marcharte y tal vez intenten morderte las piernas o los pies. Si esto sucede, párate y no le hagas caso. Si tarda tiempo en dejar de morder, ponle la correa para que no pueda seguirte manteniéndolo alejado a un brazo de ti hasta que se calme.

¡Auh!

Si pasados unos días no tiene éxito ponerte de pie y alejarte siempre que te muerda jugando, tal vez tengas que probar otro método que consiste en dejar la mano quieta cuando muerda y soltar un grito corto y agudo en voz alta como si te hubiera hecho daño (esto es más eficaz si normalmente no gritas). Mírate la mano y no hagas ningún caso al cachorro por un momento. Probablemente parezca sorprendido, mueva la cola y trate de lamerte la cara para apaciguarte. Elógialo suavemente e invítalo a jugar con un juguete. Repite esta acción cuando sea necesario, pero no entres en un círculo en que grites, tu cachorro se excite más y muerda más fuerte. Si tu primer grito no funciona, vuelve a ponerte de pie y aléjate. Acuérdate de elogiarlo y ofrécele un juego con un juguete siempre que deje de morder.

Usar una correa

Si tu cachorro intenta jugar a morder en exceso, sobre todo si lo hace para llamar la atención, o con el fin de evitar que muerda a niños o ancianos, ponle una correa cuando estés con él y úsala para restringir sus movimientos. Ten siempre listo un juguete que pueda morder y usa la correa para mantenerlo atrás y que no pueda morder a nadie. Al mismo tiempo, deja el juguete a su alcance y muévelo para que pueda morderlo. Te podrás relajar un poco una vez que juegue tranquilamente con el juguete, pero recurre a la correa para apartarlo de nuevo si comienza a morder a las personas en vez de al juguete, o si se excita demasiado.

Si tu cachorro acostumbra a jugar mordiendo en ciertos momentos del día, intenta anticiparte a la actividad que desencadene el proceso y circunscribe el alcance del cachorro para que no pueda aproximarse a ti. Por ejemplo, si se pone nervioso cuando los niños llegan a casa y caracolea a su alrededor mordisqueándolos, o si comienza a morderte para acaparar tu atención cuando te sientes a leer, mételo con antelación en la jaula de juegos y recurre a la correa para que no pueda hacerlo. Asegúrate de que juega lo suficiente y recibe una correcta estimulación en otros momentos.

Usa una correa con cachorros que al jugar muerdan fuerte o en exceso para evitar que te muerda las manos.

Los cachorros son famosos por volverse locos unos minutos al día de vez en cuando; de ese modo liberan su exceso de energía y ejercitan todos los músculos.

Los cinco minutos de locura

De todos es sabido que los cachorros se comportan como locos unos minutos de vez en cuando durante el día, momento durante el cual meten la cola entre las piernas y corren como alma que lleva el diablo. Este es el modo en que los cachorros liberan energías y tensiones y es una conducta completamente normal. Lo que no es aceptable es que, si tu cachorro corretea entre miembros de la familia, los muerda a su paso. Si esto sucede, sal de la habitación y déjalo solo o, si fuera más sencillo, sácalo de la habitación. Así aprenderá que esa conducta no atrae la atención que esperaba. Si esta conducta continúa, repasa mentalmente cuántas oportunidades tiene tu cachorro de jugar con juguetes y liberar energía, tanto física como mental, y aumenta su número si fuera necesario. Asegúrate de que aprenda juegos poco violentos con juguetes, sin gruñir ni morder, y que no aprende a jugar luchando con seres humanos en otras situaciones.

Morder la ropa, los pies y los tobillos jugando

La mayoría de los cachorros jóvenes se sienten estimulados a jugar cuando ven un par de pies marchando a su lado, sobre todo si el movimiento se acompaña del aleteo de las faldas y perneras, especialmente si pertenecen a niños excitados o que juegan. Cuando se ven tentados de este modo, los cachorros tienden a correr y tratan de pelearse con tus tobillos, tal y como habrían hecho si uno de sus hermanos de camada hubiera corrido a su lado. Como esto es doloroso y probablemente estropee la ropa, esta conducta es inaceptable y tiene que interrumpirse. Dando por sentado que juegas bastante con tu cachorro en otros momentos, estás autorizado a dejar perfectamente claro que no vas a tolerar esa conducta. Quédate quieto y reprueba su conducta en voz alta. Asústalo lo suficiente como para que retroceda al darse cuenta de su error. Luego alábalo por haber abandonado esa actitud. Aléjate y pasa a su lado un poco después para comprobar que ha aprendido la lección. Si no hace amago de seguirte, vuelve a su lado y elógialo.

Otra forma de abordar el problema es poner la jaula de juegos en una zona ocupada de la casa donde muchas personas pasen a su lado. Como no podrá salir de la jaula, se acostumbrará al paso de pies en movimiento y aprenderá a jugar sólo cuando alguna persona le ofrezca un juguete.

Por qué muerden los perros

Muchas personas creen que los perros muerden porque son perros, pero de hecho no se vuelven realmente agresivos sin alguna buena razón. La mayoría de las agresiones caninas se explican como la única salida que tiene el perro a una situación amenazante. Cuando un perro se encuentra en un apuro del que no puede escapar, no le es posible sentarse y decir qué le preocupa ni escribir una carta. El único medio que tiene para manifestarse es con señales corporales. Con demasiada frecuencia, los seres humanos no atienden a estas señales porque no saben interpretarlas. Si la situación se agudiza, el único recurso del perro para solucionarla será la agresión.

Muchos perros gruñen o arrufan (enseñan los dientes) como advertencia antes de morder. Por desgracia, los dueños suelen castigar a sus perros o responden agresivamente cuando esto sucede, en vez de darse cuenta de que su perro está ansioso y trata de aliviar su ansiedad. Una vez que el perro haya aprendido con nuestra reacción a no gruñir ni arrufar, con frecuencia morderá sin aviso previo, lo cual puede ser muy peligroso.

Además de tener una razón para morder, los perros también necesitan confianza en sí mismos para recurrir a la agresión, y esto llega con la madurez y la experiencia. Las razas dominantes suelen mostrar más confianza en sí mismas, mientras que las razas sumisas pocas veces recurren a la agresión. Los perros ganan

Los perros que protegen sus posesiones resultan amenazadores y pueden causar heridas graves a miembros de la familia y a visitas.

Una postura ladeada del cuerpo, con el dueño agachado y desviando la mirada o la cabeza, permite a este cachorro tímido acercarse y comerse la galleta.

confianza –y por tanto es más probable que recurran a una agresión si fuera necesario– cuando se encuentran en su territorio o con otros miembros de su manada (humana o animal). Las diferencias entre razas tienen un efecto grande sobre el umbral de agresión de los perros. Algunos sólo muerden tras mucha provocación, mientras que otros son mucho más impulsivos.

Tengan o no confianza en sí mismos, los perros no recurren a la agresión a la ligera y a menudo dicha conducta les causa un gran trastorno, tanto como a los seres humanos cuando tienen que recurrir a la violencia. Sin embargo, los perros se recuperan mucho mejor y aprenden a usar la agresión con destreza si se repiten las situaciones que les causan ansiedad.

El mejor modo de prevenir agresiones es enseñar a los cachorros a superar las situaciones que causan ansiedad usando la información de este capítulo, de modo que lleguen a tolerarlas e incluso a disfrutar de ellas. También es importante observar si el perro manifiesta signos de miedo durante su vida, para detectar los signos de advertencia (como la postura corporal, los gruñidos y el arrufe) y hallar un medio de aliviar la ansiedad que experimenta en esos momentos.

Conducta agresiva con personas

Hay muchas causas que explican la agresión a los seres humanos, y el secreto de la prevención radica en conocerlas y proteger a tu cachorro enseñándole a superar esas situaciones normales, así como cuidar de él en todas las situaciones para que no tenga razón para morder.

Agresión por miedo

El miedo es la razón más habitual por la que los perros muerden a personas, tanto desconocidos como conocidos. Los perros suelen tener una buena razón para morder y se suelen ver obligados a ello cuando superamos su nivel de tolerancia. Sin embargo, los perros no tienen que haber vivido experiencias dolorosas o amenazantes con esas personas para tener miedo. Los perros poco socializados suelen tener miedo simplemente porque no han conocido a un número suficiente de personas ni han tenido experiencias agradables con ellas durante la infancia.

Mientras un cachorro es joven y tímido, por lo general intentará aplacar el origen de su miedo, se esconderá detrás de su dueño, o huirá de la situación que le asusta. A medida que madure, se volverá más confiado en sus fuerzas y capacidad para defenderse. En situaciones que causen ansiedad y en las que haya aprendido que no hay escape posible (por ejemplo, cuando lleva puesta la correa), puede empezar a recurrir a la agresión para disipar la amenaza. Una vez que evalúe la eficacia de su reacción, la agresión se manifestará con más frecuencia o se agravará.

Los miembros de la familia que recurren a la fuerza y al castigo para adiestrar a un cachorro también están instilando una imagen de desconfianza, al igual que los niños que embroman o atormentan a los cachorros, y por eso es probable que reciban algún mordisco durante confrontaciones en las que los perros sientan necesidad de defenderse.

La socialización, la protección frente a experiencias desagradables (dolorosas o amedrentadoras) y los métodos positivos de educación/adiestramiento son la clave para prevenir las agresiones por miedo. No obligues a un cachorro a vivir una situación que no le haga ninguna gracia. Dale tiempo para hacer acopio de suficiente valor como para tirar hacia adelante y explorar, e intenta que la experiencia resulte agradable usando juguetes y galletas. Si lleva la correa puesta o si está arrinconado en una esquina, préstale tu ayuda eliminando la causa del miedo para que no aprenda a mostrarse agresivo para resolver el problema. Recuerda que es responsabilidad tuya, como líder, proteger a los miembros de la manada de cualquier daño y ayudarles a salir de situaciones difíciles, incluso si hace falta pedir a una persona bien intencionada que trata de llamar la atención de tu cachorro que deje de hacerlo.

Asegúrate de que todos los momentos inevitables que causen ansiedad se combinen con muchas experiencias positivas en la misma situación. Si los perros consideran que todas las personas –adultos y niños– son una fuente de diversión, galletas y juegos, no tendrán ningún deseo de «alejarlos» con una conducta agresiva. Véase en el capítulo 6 la «Socialización» (página 54) donde se enseñan los medios para llevarla a cabo.

Agresión a niños

Suelen ser agresiones por miedo. Los niños, en especial los que empiezan a andar, pueden parecer a los cachorros muy distintos de los adultos, en ocasiones amenazadores desde su punto de vista. Una buena socialización con niños de todo tipo y edad es el medio para prevenir problemas.

Por desgracia, los niños suelen disfrutar molestando a los perros y algunos pueden ser crueles. Si tu cachorro ha tenido muchos encuentros agradables con niños de todo tipo, es poco probable que se sienta amenazado por una mala experiencia ocasional. Un perro equilibrado y bien socializado será habitualmente capaz de afrontar una experiencia negativa en la que resulte atormentado sin recurrir a la agresión.

Agresión por territorialidad

La agresión por territorialidad es una forma de agresión por miedo. En su propio territorio los perros se muestran mucho más seguros que en otros sitios a la hora de enfrentarse a una amenaza potencial.

Si dos lobos de territorios colindantes se encuentran, es probable que el lobo en terreno propio gane el combate aunque su tamaño sea menor. Estar en casa confiere una ventaja psicológica porque el lobo intruso sabe que no debería estar allí. El dueño de un territorio también se muestra más motivado que el intruso a defender lo que le pertenece.

No obstante, un perro sólo tratará de alejar a los visitantes de una propiedad si los considera una amenaza. Una adecuada socialización garantizará que tu cachorro muestre alegría por ver visitas en vez de intentar disuadirlas. Esto no significa que no dé la alarma. La mayoría de los perros ladrarán cuando llegue una visita y los perros más maduros y seguros querrán defender su propiedad ante las personas que actúen de forma sospechosa, sobre todo si el dueño no está en casa en ese momento.

Por desgracia, los repartidores actúan aparentemente «de forma sospechosa» desde el punto de vista de los perros. No sólo penetran en territorio del perro, donde se siente más confiado en sus fuerzas, sino que probablemente hubo muchas ocasiones en las que entraron en su territorio, asustaron al perro, que empezó a ladrar, hicieron algo «raro» (como andar con botellas de leche con su estridente traqueteo, o abrir el buzón) y salieron corriendo en cuanto empezó a ladrar.

La conducta agresiva por territorialidad, como ladrar en la puerta de casa, suele iniciarse cuando el cachorro tiene más confianza en sí mismo y comienza a madurar pasada la pubertad.

Aunque los repartidores se irán una vez hayan hecho su entrega, el perro desconoce todo esto. Si un día alguien deja la puerta abierta, el cartero puede recibir un mordisco en la pierna o el trasero al desandar el camino. Al perro le preocupa la intrusión diaria del cartero y simplemente está intentando decirle que no vuelva.

Para evitar la agresión a estas personas, haz que tu cachorro las conozca y salga a su encuentro con frecuencia hasta que alcance la madurez (¡aunque eso suponga tener que despertarse muy temprano!). Anima a los repartidores a darle galletas y a lanzarle un juguete para que corra a perseguirlo, si es que tienen tiempo. Habitualmente se mostrarán encantados de trabar amistad con un cachorro, sobre todo si les explicas la razón.

Si fuera necesario, se puede dejar una caja impermeable junto a la verja de casa para guardar comida y juguetes, con el fin de que los repartidores den con frecuencia alguna galleta al cachorro mientras entregan su mercancía. Unas pocas galletas en el buzón pueden animar a los cachorros a alegrarse de ver al cartero en su puerta y a esperar con impaciencia su llegada en lugar de estar preocupados y tratar de alejarlos. A la mayoría de los repartidores les gusta hacer esto en vez de tener que enfrentarse cada mañana a un perro agresivo (aunque esté al otro lado de la puerta). Esto no impedirá que tu cachorro te avise cuando sea mayor si alguien se acerca a la puerta, pero evitará que gruña preocupado o se muestre agresivo con los repartidores.

Agresiones en el coche

Los territorios reducidos y los territorios con

Ejercicio: Prevenir la conducta agresiva por la comida

▷ **1** Llama a tu cachorro para que acuda y déjale la cena en el suelo en una escudilla. Ponte en cuclillas a su lado y, cuando comience a comer, acarícialo con suavidad hablándole con calma. Comienza por acariciarle la espalda y el costado y, si se siente cómodo, avanza lentamente hacia la cabeza. Acaricia las orejas y el cuello por debajo si está relajado. Toma trozos pequeños de comida que sean más apetitosos que su dieta habitual (por ejemplo, trocitos de pollo, hígado y grasa) y ponlos delante del morro del cachorro mientras come. Déjale que coma estas golosinas. Haz esta acción varias veces.

límites claramente definidos son más fáciles de defender frente a amenazas. Ésta es una de las razones por las que algunos perros se vuelven agresivos en los coches. Este problema también tiene su origen en el miedo. El perro no está protegiendo tanto el coche como a sí mismo. No cuenta con medios de escape y, por tanto, necesita amenazar a los intrusos para mantenerlos alejados y, como el coche es pequeño y un espacio fácilmente defendible, aumenta su confianza al hacerlo.

Una vez más la prevención pasa por una buena socialización. Si tu cachorro no tiene miedo a la gente, no se sentirá amenazado cuando se aproximen. En el caso de cachorros tímidos tal vez valga la pena pedir a la gente que se aproxime al cachorro cuando está en el coche para ofrecerle galletas y juegos, y comience a verlos como una ocasión placentera en vez de observarlos con desconfianza, lo cual podría derivar más adelante en una agresión.

¡Ten cuidado!

- Si tu perro es agresivo, pide ayuda a un experto en conducta canina para no correr el riesgo de que te muerda (véase la página 203).

Conducta agresiva por posesión o por la comida

Prevenir este tipo de conducta agresiva, resulta más fácil con cachorros que fueron alimentados individualmente mientras estaban en la camada y recibieron suficientes cosas para que investigaran y jugaran; los cachorros que tuvieron que pelear por tener acceso al comedero comunal para comer, o para defender sus posesiones, será más difícil manejarlos.

2 Prepara otro trozo de pollo, pero esta vez escóndelo en la palma de la mano. Pon la mano, con la palma hacia arriba, en el centro de su escudilla y, cuando comience a olerla, abre la mano para que encuentre y coma la galleta. Hazlo varias veces, en ocasiones metiendo la mano en la escudilla antes de ofrecerle la galleta, para luego dejar que se acabe el resto de la comida solo y en paz.

3 Cuando tu cachorro mueva la cola al aproximarte, levanta en ocasiones su escudilla, pon unas cuantas galletas y devuélveselo. Una vez que esté contento y deje acercarse a su comida a los miembros de la familia, permite que otras personas lo hagan mientras tu cachorro todavía es pequeño, sobre todo niños (especialmente si tienes hijos). Intenta hacerlo a diario hasta que tu cachorro mueva la cola, levante la cabeza de la escudilla y te mire esperando qué más le vas a ofrecer, para luego ir reduciendo la entrega de galletas a unas pocas veces por semana hasta que el perro alcance la madurez.

La agresión por comida se produce por la necesidad de proteger un recurso vital. Es una conducta natural y normal, pero se puede suprimir en los perros mascota. Los perros que han pasado hambre en algún período de sus vidas son más propensos a defender su comida.

Para prevenir agresiones por la comida, tendrás que enseñar a tu cachorro que las personas que se les aproximan no quieren quitársela, sino ofrecerle algo apetitoso para comer (véase la pág. previa). Una vez que tu cachorro haya aprendido esto, todos serán bienvenidos en vez de apartados.

Nunca te muestres agresivo como respuesta a una agresión por la comida, o le estarás enseñando al cachorro a ser mucho más agresivo. Al final esto derivará en una escalada del conflicto hasta que el cachorro se vuelva peligroso siempre que esté comiendo.

En el caso de cachorros que no se muestran posesivos con la comida, sigue durante las comidas el ejercicio de prevención de una conducta agresiva por la comida que aparece en la pág. 122.

Huesos y juguetes para morder

Se precisa el mismo procedimiento para los huesos y los juguetes para morder usando el

Ejercicio: Huesos y juguetes para morder

1 Da al cachorro un hueso esterilizado o un juguete para morder y déjaselo hasta que se empieze a aburrir. Entonces acércate con calma y confianza, ofreciéndole a cambio algún alimento rico y oloroso que sobresalga entre tus dedos.

2 Dale tiempo para que repare en lo bien que huele. Aléjalo con este señuelo y recoge el hueso o juguete mientras come.

ejercicio que se muestra abajo. Devuélvele siempre, de inmediato, el hueso o el juguete, y aprenderá que puede confiar en ti y que no hay necesidad de protegerlo de ti. Asegúrate de que todos los miembros de la familia puedan aproximarse al cachorro mientras muerde un hueso o un juguete sin provocar agresiones. Si tienes hijos, supervisa estas sesiones cuidadosamente hasta que tu cachorro esté contento cuando se le aproximen. Asegúrate siempre de que tienes galletas sabrosas y muy interesantes para ofrecer, y no les dejes que prodiguen continuamente este tratamiento. Enseña a tus hijos a respetar a otros perros con huesos y a no aproximarse a ellos, dado que no todos han vivido esta experiencia.

Juguetes y otros objetos
De forma parecida, también puedes enseñar a tu cachorro a no enfadarse cuando cojas objetos con los que está jugando. Al principio, ofrécele siempre algo mejor como intercambio por lo que le estás quitando, como una galleta. A medida que madure, reduce las recompensas que le ofreces, pero intenta mantener la emoción de adivinar si le vas a dar algo bueno a cambio. Haciendo esto, le enseñarás a estar contento cuando le quites algo y no intentará esquivarte, ni ser agresivo ni huir. Enseñarle a cobrar juguetes o pelotas (v. la pág. 98) también le ayudará en este proceso porque podrá practicar y acostumbrarse a traerte cosas.

▷**3** Deja que coma el premio y devuélvele de inmediato el hueso o el juguete para morder. Después de unas pocas repeticiones, cuando te acerques comenzará a mirar hacia arriba expectante. Entonces podrás ofrecerle el premio con una mano mientras con la otra recoges el premio o el juguete. Al final podrás recoger primero el hueso y luego abrir la otra mano para mostrarle el premio.

Conducta agresiva por dolor con personas

Los perros muerden a menudo si nos aproximamos a ellos cuando sienten dolor. En nuestro intento por ayudarlos, podemos provocarles temporalmente más dolor y puede que muerdan en un intento de que paremos. Poco se puede hacer para evitarlo, aparte de intentar proteger al cachorro de enfermedades y daños, algo que todos los dueños buenos tratarán de hacer en cualquier caso. Los ejercicios de contacto físico y aseo ayudarán a establecer la confianza entre los dos para que, en caso de que se produzca un accidente, haya más posibilidades de que tu cachorro te deje ayudarlo (v. en pág. 141 consejos sobre acostumbrar a un cachorro a llevar bozal por si tienes que ponérselo en una urgencia).

Conducta agresiva por dominancia

La agresión por dominancia suele dirigirse a miembros de la familia o personas con las que el perro pasa mucho tiempo. Sólo los canes ambiciosos están interesados en asumir control, pero antes valorarán la fuerza de las personas a las que retan. Por ello este problema es raro. La prevención de la agresión por dominancia radica en practicar todos los procedimientos expuestos en el capítulo 8 (v. la pág. 78). Los cachorros criados en el respeto a las personas de la familia no aspirarán al liderazgo.

Conducta agresiva por predación

Se produce cuando un perro encuentra un medio de dar rienda suelta a su deseo de cazar corriendo tras objetos en movimiento. La «presa» pueden ser gatos, ovejas, patos, ciervos, caballos, conejos o incluso perros pequeños. En ausencia de animales de «presa», y sin oportunidades adecuadas para canalizar su instinto de cazar con un juguete, los perros a menudo corren tras otros objetos que se mueven con rapidez, como gente corriendo, coches o personas montadas en bicicleta. Son particularmente propensas las razas de pastoreo

y los podencos, a las cuales estimula enormemente el movimiento.

Por lo general, la persecución en sí es suficiente y el perro se conformará si la criatura deja de correr. No obstante, pocos animales son perseguidos sin que sientan miedo, lo cual significa que por lo general intentarán con todas sus fuerzas evitar la captura, y esto hace que la caza sea aún más excitante. Si un perro sin experiencia alcanza a una criatura que huye, lo normal es que se lance encima de ella para detenerla. Una vez atrapados, los animales asustados tienden a volverse agresivos, y sólo tiene que suceder unas pocas veces para que el perro aprenda a morder en cuanto se abalance sobre su presa para evitar ser atacado.

Los perros con poco que hacer y sin suficiente control aprenderán rápidamente a morder las piernas de los deportistas que corren, a atacar a perros pequeños en el parque, a molestar al ganado y atacar a gatos en los jardines de otras personas. La prevención pasa por la socialización, el control y la reorientación del instinto hacia juguetes que tu cachorro desee dar caza. Nunca permitas el acceso sin supervisión a animales de caza ni dejes a tu cachorro ir lejos o solo cuando lo saques de paseo. Practica la llamada en plena caza (llamada durante una persecución; véase la pág. 104) de modo que, si tu cachorro se pone a perseguir algo inopinadamente, tendrás capacidad para llamarlo a tu lado.

Recuerda que los perros están más próximos a sus ancestros salvajes de lo que pensamos, y nunca hay que dejarlos solos con mascotas pequeñas como hámsters, cobayas o conejos.

Conducta agresiva con otros perros

Conocer las causas de esta conducta ayudará a prevenir que tu cachorro desarrolle problemas con otros perros en el futuro.

Agresividad inducida por miedo

La agresividad con otros perros a menudo es causada por el miedo. Una socialización inadecuada o malas experiencias pueden hacer que un cachorro crezca con miedo de encontrar a otros perros.

Los juegos de persecución entre cachorros suelen ser inofensivos, pero no les quites ojo para asegurarte de que ambos perros están disfrutando del juego.

A medida que un cachorro con miedo crece, comenzará a recurrir a la agresividad para mantener alejados a otros perros, sobre todo si lleva la correa, porque habrá aprendido que, una vez puesta, no hay forma de escapar. Esta agresividad suele empeorar cuando los dueños tensan la correa y manifiestan ansiedad al ver aproximarse a otro perro hacia ellos. Sin la correa, estos cachorros suelen mantener las distancias con otros perros, aunque unos pocos quieran ser amistosos. Se acercarán corriendo a otros perros, solo para descubrir su inseguridad, momento en que recurrirán a la agresión para resolver la situación. Por si fuera poco, los cachorros mal socializados a menudo generan sin querer señales erróneas, porque no han aprendido un uso correcto de su lenguaje corporal. Esto provoca que algunos perros se muestren agresivos con ellos.

La socialización y la protección ante malas experiencias son la clave para prevenir la agresividad por miedo hacia otros perros. Si otro perro ataca o atemoriza a tu cachorro, asegúrate de que vive muchos encuentros agradables con perros similares en situaciones parecidas para superar la experiencia desagradable.

Jugar con demasiada fuerza

Algunos perros luchan con otros porque han aprendido a jugar con violencia de cachorros. Esto sucede sobre todo con cachorros criados con un perro mayor y tolerante, que les ha dejado jugar fuerte sin corregirlos.

Los cachorros que aprenden a jugar muy fuerte seguirán haciéndolo de adultos. Como pocos perros tolerarán esta conducta de un perro al que no conocen, estos cachorros impetuosos sufrirán a menudo la agresión del otro perro. Una vez que esto sucede varias veces, el jugador impetuoso aprende a sopesar la situación e iniciar un ataque defensivo si el otro perro parece agresivo.

Para evitar que tu cachorro aprenda a disfrutar de juegos vigorosos, detén el juego en cuanto su interacción con otros perros comience a irse de las manos. No le dejes hacer nada a un perro conocido que no le permitirías hacer a otro extraño. Ello incluye morder con fuerza, apoyar las patas en su espalda y montarse encima. Interrumpe a tu cachorro siempre que haga eso, recaba su atención durante un rato y haz que se calme antes de permitirle volver a jugar. Pon término a la sesión si juega demasiado fuerte o se excita en exceso.

Las sesiones de juego con otros cachorros deben ser cortas, amistosas y no demasiado impetuosas.

La agresividad entre perros con correa es habitual y a menudo se debe al miedo causado por la ausencia de una temprana socialización. Ayuda a tu cachorro exponiéndolo gradualmente al contacto con otros animales.

Asegúrate siempre de que tu cachorro prefiere jugar contigo a hacerlo con otros perros, reduciendo si es necesario el tiempo que juega con ellos. Practica con perros de amigos, pidiéndoles que impidan que su perro juegue mientras recuperas a tu cachorro. Recompénsalo bien antes de dejarle volver a jugar.

Agresividad entre machos

Cuando los cachorros macho alcanzan la madurez sexual, algunos perros adultos (no castrados) pueden mostrar agresividad hacia ellos. Esto no debe ser un gran problema si tu cachorro está bien socializado, ya que sabrá mostrar las señales corporales necesarias para aplacar al otro macho. No obstante, el problema será más grave si vives en un área donde varios machos agresivos frecuentan las mismas áreas pequeñas para ejercitarse.

Intenta no preocuparte demasiado por el incidente que desató la agresividad; si te muestras nervioso, tu cachorro lo percibirá y también se pondrá nervioso. En lugar de eso, concéntrate en jugar con él cuando el otro perro esté a la vista, para que su atención se centre en ti. Mantenlo atado a la correa, y mantén la distancia con el otro perro, dando media vuelta y alejándote si fuera necesario. Intenta evitar a los machos agresivos durante la fase de adolescencia, y sigue socializando a tu cachorro con hembras amistosas y machos castrados.

Si tu cachorro es macho y está poco socializado, tal vez descubras que se vuelve más agresivo con otros machos cuando madure. Si la agresividad se manifiesta al ser adulto, necesitarás encontrar un asesor experto en conducta de mascotas (véase la pág. 203) para superar esta situación, y tal vez tengas que plantearte castrarlo.

CAPÍTULO 11

Mordisqueo

Los cachorros mordisquean cosas porque están cambiando los dientes, para ejercitar sus mandíbulas en desarrollo, por diversión y para explorar su entorno.

La dentición se produce entre los tres y los seis meses. Durante este período, la mayoría de los cachorros exhibe una urgencia incontrolable por morder para aliviar las molestias y facilitar la caída de los dientes de leche y la erupción de los dientes permanentes. Justo cuando comienza a pasar la fase de dentición, sobreviene otra urgencia más feroz por morder. Esta fase se inicia hacia los siete a diez meses de edad y puede prolongarse unos seis meses. Tiende a ser más pronunciada en las razas de caza, sobre todo los labradores, tal vez porque fueron criados por su capacidad para acarrear cosas con la boca.

Esta última fase coincide con un período durante el cual, en la naturaleza, los cachorros comienzan a alejarse un poco del área del cubil para explorar su nuevo entorno. La mayoría de los cachorros en hogares se encuentran confinados en un territorio relativamente pequeño, por lo que el deseo de explorar se canaliza mordisqueando objetos. Como los cachorros no perciben el valor de los objetos y ahora son más grandes y tienen mandíbulas más poderosas que durante la dentición, son capaces

Los juguetes de goma resistentes y llenos de galletas son seguros y mantendrán ocupado a tu cachorro durante horas.

Proporcionar a tu cachorro durante la dentición juguetes para morder, como juguetes de cuero crudo, huesos esterilizados y juguetes de la casa Kong, evitará que destroce objetos de la casa.

de causar muchos más destrozos en poco tiempo hasta que pasa este período.

Enseñar lo que está bien y lo que no

Necesitarás todo un surtido de objetos seguros y lo bastante duros como para sobrevivir cuando los muerda. Pueden ser juguetes de cuero crudo, huesos ahumados, huesos de nailon, huesos esterilizados y juguetes resistentes de goma. Vuelve estos objetos más interesantes rellenándolos de comida, queso para untar, mantequilla de cacahuetes y galletas.

Ten inventiva y asegúrate de que al menos cuentas con dos o tres objetos para cada día de la semana. Esto puede resultar caro en un principio, pero es más barato a largo plazo que remplazar objetos de casa destrozados. Luego puedes facilitar al cachorro variedad de juguetes para morder a diario, guardándolos al final del día para darle otros diferentes al día siguiente. De este modo pasará una semana antes de que el cachorro vuelva a ver de nuevo los juguetes del primer día y volverá a estar muy interesado en ellos. A lo largo del primer año de vida del cachorro intenta ofrecer un surtido variado que morder. Anuncia a bombo y platillo los cambios y mantenlos lo más interesantes posibles.

Además, le puedes dar cosas para saciar su deseo de explorar como cajas de cartón, cajas de cereales, cartones de leche, cajas de plástico y

Esconde juguetes, comida y objetos interesantes en una caja de cartón vieja para mantener ocupado a tu cachorro cuando se quede solo en casa.

troncos sobre los que los cachorros puedan subirse, morder e investigar. Anímalo a encontrar las galletas escondidas en esos objetos para mantener su interés. Sustituye y cambia estos objetos con frecuencia. Supervisa a tu cachorro mientras juega con ellos y retira cualquiera que se haya roto y pueda causar daños.

Para reducir al mínimo los daños causados por tu cachorro durante estas fases, es importante negarle el acceso a lugares donde haya objetos valiosos o peligrosos siempre que no estés presente para vigilarlo. La solución más sencilla y, en último término más barata, es comprar una jaula de juegos donde pueda permanecer mientras no lo vigilas (véase la página 45). Allí puede tener variedad de objetos para explorar y ejercitar sus mandíbulas.

Supervisa las excursiones del cachorro por el resto de la casa para enseñarle la diferencia entre las cosas que puede mordisquear y las que no, y para instaurar en él hábitos correctos desde el principio. Para ello recoge los pequeños objetos de la casa que podrían atraer su atención, y ofrécele uno o dos juguetes para morder que haga tiempo que no ha visto. Déjalos en el suelo siempre que tu cachorro esté en la habitación. Cuando le veas sentarse para mordisquear uno, agáchate y alábalo con entusiasmo. Luego deja que lo mordisquee sin interrupción.

Si no hace caso a los juguetes para morder y sigue su vagabundeo en busca de otra cosa, tendrás que interrumpirlo y animarlo a que se fije en sus juguetes. Si esto sucede con frecuencia, remplaza los juguetes por algo más interesante o aumenta su nivel de actividad con juegos, ejercicio y más posibilidades de explorar. De este modo tu cachorro adquirirá rápidamente el hábito de mordisquear sólo sus juguetes y comenzará a no hacer caso al resto de objetos de la casa.

Hasta que puedas confiar en él, nunca lo dejes solo y libre para vagar por la casa. Si mordisquea algo que no deba, considera que es falta tuya y no suya, por fiarte de él demasiado pronto. Siempre se produce algún accidente, al igual que cuando le enseñamos a no hacer sus necesidades en casa, cuando tienes un lapso de atención. No le grites ni castigues. Con esto sólo conseguirás que no se fíe de ti. Ten más cuidado la próxima vez.

La duración de este proceso depende de lo activo que sea tu cachorro y de lo consciente que tú seas. Algunos cachorros tienen un instinto mucho más fuerte de mordisquear que otros y les costará más aprender. No obstante, no hay que fiarse por completo de ningún cachorro hasta que tenga al menos un año de edad y haya dejado atrás las dos etapas del mordisqueo. Hasta que llegue ese momento, suminístrale siempre un número apropiado de juguetes para morder, retirándolos y ofreciéndole otros nuevos al final del día para mantener despierto su interés.

Cuando tu cachorro se convierta en adulto, su deseo de mordisquear disminuirá, pero es importante seguir ofreciéndolo huesos y juguetes para morder durante toda su vida con el fin de ejercitar sus mandíbulas y mantener limpios los dientes.

Además de proporcionarle toda suerte de cosas para morder, las fases de mordisqueo pasarán con más rapidez si le ofreces multitud de ejercicios físicos y mentales, así como la oportunidad de explorar distintos entornos. Los cachorros aburridos que están encerrados tienden a canalizar su deseo de actividad mordisqueando más.

Aprender a quedarse en el coche

Incluso unos leves daños en el coche causados por el mordisqueo de tu perro te pueden salir muy caros. Ten cuidado durante los períodos de mordisqueo y deja siempre un juguete nuevo e interesante para que se concentre en él cuando lo dejes en el coche. Como alternativa, acostúmbralo a permanecer en un trasportín con varios juguetes para morder. Acostúmbralo gradualmente a quedarse en el coche para que no sienta ansiedad (véase la página 152). Nunca dejes a un cachorro o a un perro adulto en el coche un día soleado o de mucho calor.

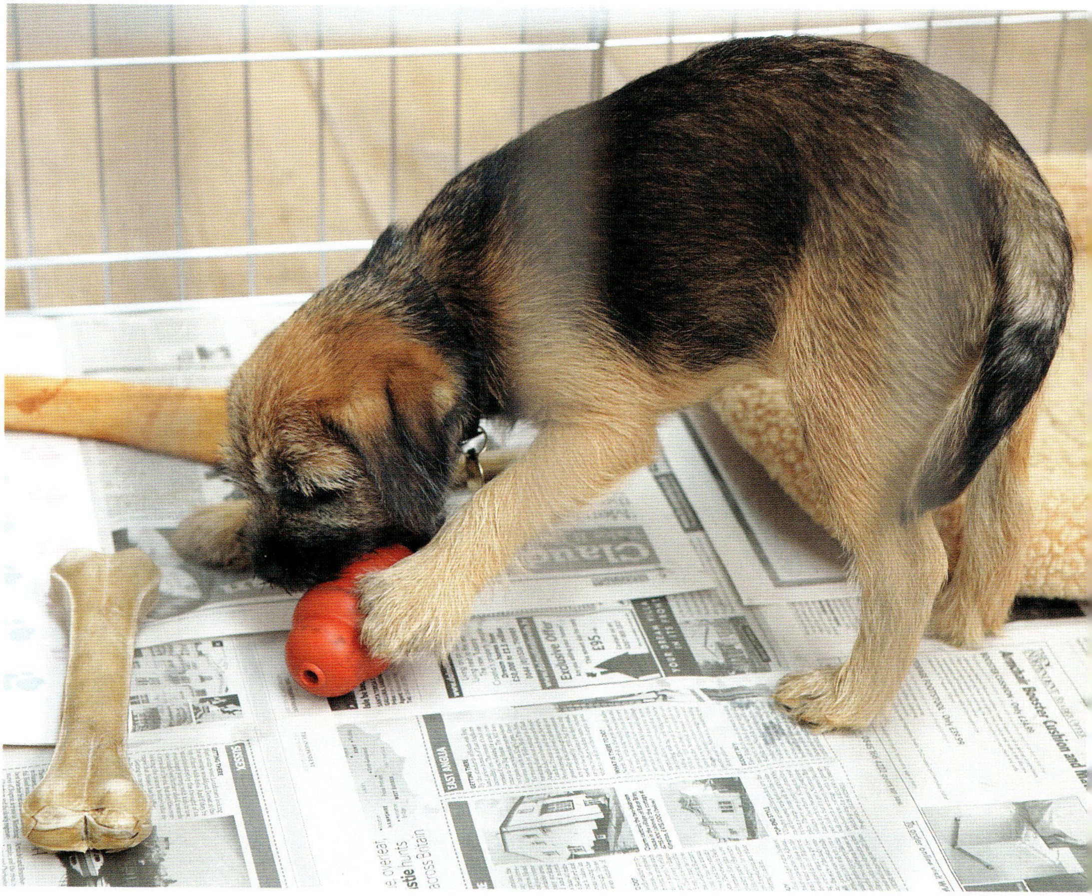

Tener acceso a un montón de juguetes para morder en la jaula de juegos hará menos probable que tu cachorro muerda otros objetos cuando esté suelto por el resto de la casa.

CAPÍTULO 12

Manipulación y cepillado

Los seres humanos somos primates y nos gusta tocar, asir y abrazar. Los perros pocas veces hacen eso entre ellos y necesitan aprender a tolerar y disfrutar las caricias y los abrazos de las personas. Incluso si tu familia y tú no tenéis intención de tocar mucho al cachorro, tendréis que acostumbrarlo para las ocasiones en que algún niño se acerque corriendo y le eche los brazos al cuello o, cuando sea adulto, le dé palmaditas en la cabeza.

Cuanto más familiarizados estén los cachorros con que los alcen, acaricien y retengan con las manos, menos amenazados se sentirán por esas experiencias y menos probable será que muerdan cuando los toquen, sobre todo en situaciones que despierten su ansiedad, como durante un tratamiento en la consulta del veterinario. Tocar, sostener, retener y abrazar al cachorro facilitan la aceptación y la confianza, y eso se extenderá a las personas ajenas a la familia inmediata.

A los niños les gusta abrazar, así que prepara de antemano a tu cachorro cuando sea pequeño familiarizándolo con las caricias.

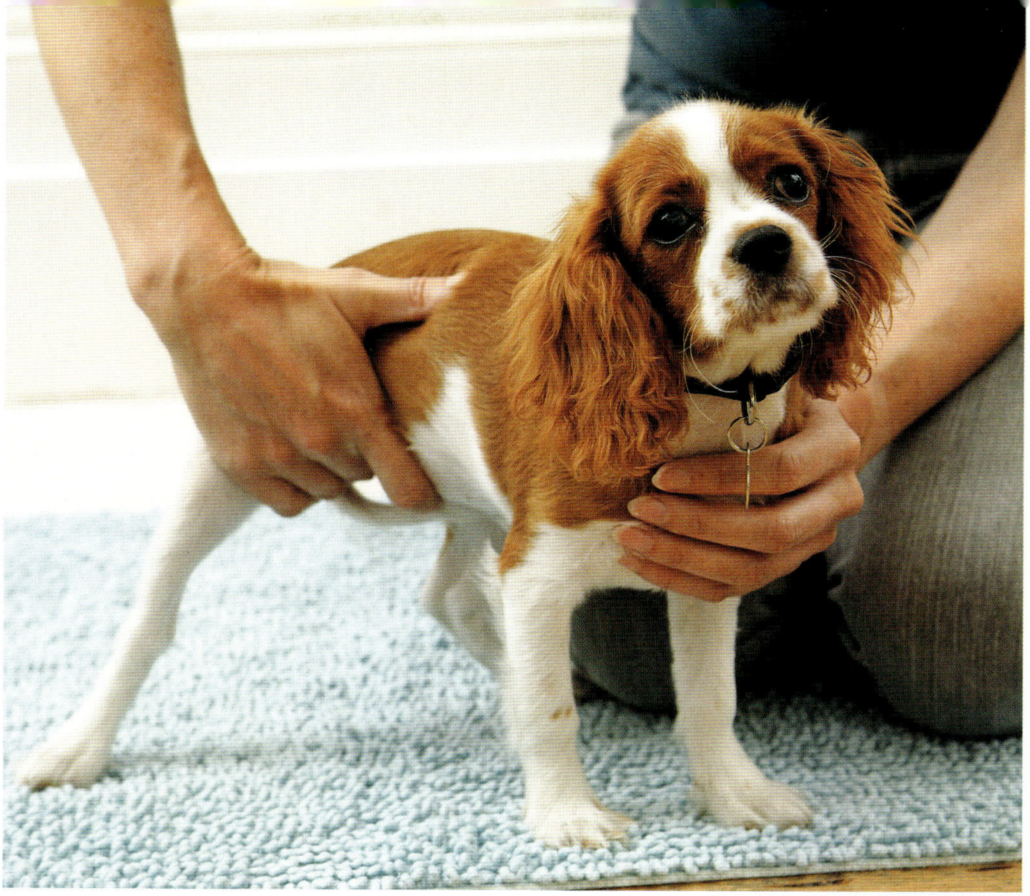

Enseñar a tu cachorro a que lo retengan suavemente es una valiosa lección para cuando haya que someterlo a algún examen físico.

Retener con suavidad

Antes de que puedas manipular a tu cachorro con éxito, él debe aprender a aceptar que lo sujeten con suavidad aunque quiera soltarse. Practica en sesiones cortas, asiendo a tu cachorro con suavidad pero con firmeza. Cuanto más seguro se sienta, menos forcejeará. Intenta no apretar ni hundir los dedos en su cuerpo. Sostenlo de modo que no pueda morder y espera a que se tranquilice. Retenlo con más firmeza si forcejea y se retuerce, pero, en cuanto sientas que se relaja, suéltalo. Rápidamente aprenderá que el forcejeo no le conduce a nada, sino que le impide ganar la libertad y, gradualmente, podrás retenerlo durante períodos más largos.

Manipulación diaria

Aprovecha todas las oportunidades de tocar y acariciar a tu cachorro. Siéntate con él y mantenlo en calma hasta que se relaje. Luego comienza a acariciar suavemente su cabeza y espalda. Cuando comience a aceptar las caricias, pasa a áreas más sensibles, como alrededor de la cara, las patas y el estómago. Avanza gradualmente, moviendo las manos con lentitud y pasa a nuevas áreas a una velocidad con la que se sienta cómodo. Dale un juguete blando para morder y evitar que te muerda. Si deja el juguete para morderte las manos o se intenta ir, probablemente estés yendo demasiado rápido. Acarícialo con más lentitud y más suavidad hasta que el cachorro se vuelva a relajar.

Después de varias sesiones, cuando se sienta cómodo cuando lo toquen y acaricien por todo el cuerpo, comienza a hacer cosas que faciliten la exploración del veterinario más adelante. Mira dentro de sus oídos y levántale suavemente los belfos para examinar los dientes. Dale la vuelta y levanta suavemente la cola. Súbelo en una mesa y repite esos ejercicios. Sólo se tarda unos minutos en hacerlo y si lo haces a diario tu cachorro aprenderá a aceptarlo e incluso disfrutará porque serán unos minutos en los que tendrá toda tu atención. Ábrele suavemente la boca, separa los dientes delanteros y luego suelta. Realiza esta acción a diario abriendo un poco más cada día hasta que la abra por completo para inspeccionar sus dientes sin que muestre preocupación ni se oponga.

A la mayoría de los perros hay que cortarles las uñas periódicamente; la frecuencia depende de la forma de sus pies y de cuánto camine por superficies duras, aunque vale la pena familiarizar a los cachorros con el procedimiento. Pide a tu veterinario que te enseñe a cortar las uñas del cachorro cuando lo lleves a vacunar por primera vez; haz que te muestre el procedimiento aunque no lo necesites en ese momento, de modo que puedas acostumbrarlo mientras todavía es pequeño. Puedes practicar a diario sin cortarle realmente las uñas, de modo que se acostumbre a esa parte de su rutina.

Aunque las sesiones de manipulación deban ser placenteras, no han de practicarse como si fuera un juego. Hay que enseñar al cachorro a ser sensible y, aunque se actúe con tacto, nunca debemos dejar que pase miedo, ni tampoco

Ejercicio: Manipulación

Estos ejercicios harán que tu perro sienta menos temor y sea más fácil manipularlo cuando el veterinario necesite examinarlo.

Levantarlo. Acostumbra a tu cachorro a levantarlo y ponerlo sobre una mesa. Sostén su peso con una mano bajo el trasero y la otra alrededor del pecho. Sujétalo con firmeza, pero sin apretar, y mantenlo cerca de tu cuerpo en vez de dejarlo suspendido en el aire.

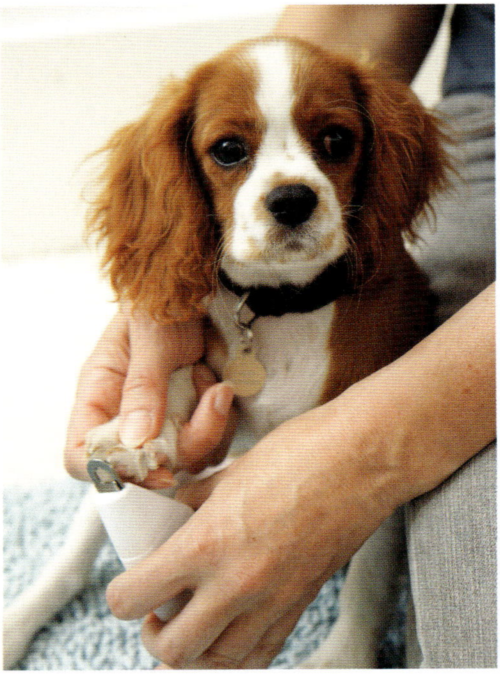

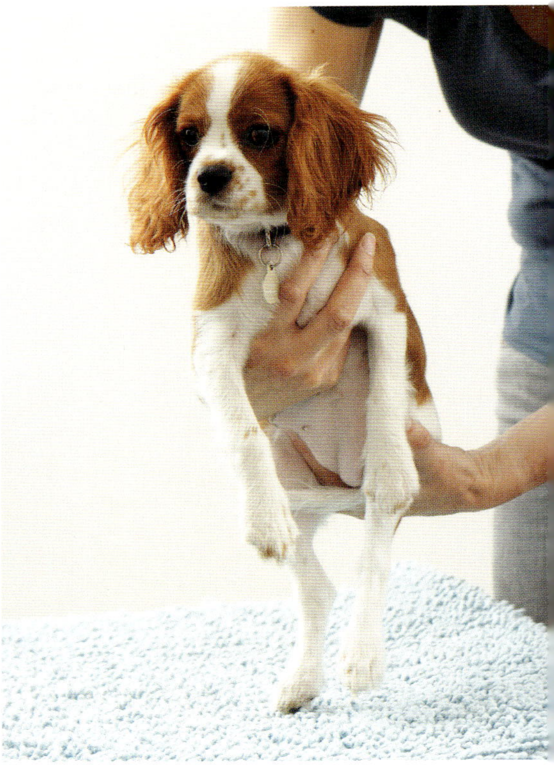

Patas Acaríciale suavemente las patas en sentido inferior, levanta una lentamente y separa los dedos. Háblale con sosiego mientras lo haces. No actúes por la fuerza si intenta soltarse (los cachorros apartarán las patas de forma instintiva cuando se las cojamos). Repite lo que hiciste y no le gustó, pero hazlo con más lentitud y suavidad hasta que acepte el procedimiento.

deben ser sesiones demasiado divertidas, ya que no quieres que el cachorro se excite. Que acepte contento la situación debe ser tu objetivo.

Todos los ejercicios de contacto físico son una útil preparación para el día en que algo malo le suceda a tu cachorro. Si se ha medio tragado un anzuelo, o tiene alojada una astilla en la garganta, es mucho más probable que deje que tú o el veterinario le extraigáis ese objeto si está acostumbrado a que le abramos la boca. Si se ha herido él mismo, estará deseoso de que lo examinen si tiene confianza en las personas y no ha mostrado miedo a que lo toquen en otras ocasiones.

Cuando levantes o manipules a tu cachorro durante los ejercicios de contacto físico, asegúrate de que tienes las manos abiertas. Si no es así, los dedos harán presión sobre el cachorro y le causarán molestias. Al tener abiertas las manos, la presión se distribuye de forma regular, con lo cual el ejercicio resulta más agradable para tu cachorro.

Cepillado

Es un medio más formal de enseñar a tu cachorro a aceptar ser manipulado y retenido con las manos. Comienza a asear al cachorro en cuanto lo tengas, y hazlo a diario sea cual fuere la

Orejas Acostúmbrale a levantarle las orejas mientras estudias su interior. En ocasiones, limpia suavemente el interior con un algodón humedecido. (Nunca metas nada en su oído ni hurgues en su interior.)

Boca Levántale los belfos y deja al descubierto los dientes. Ábrele ocasionalmente la boca para inspeccionar su interior. Haz esto suavemente mientras separas las mandíbulas. Abre un poco y un instante al principio, y luego elógialo. Cuando se acostumbre al procedimiento, resultará más fácil hacerlo y podrás abrirle la boca durante más tiempo.

Ojos Limpia suavemente con un algodón alrededor de los ojos del cachorro como si le quitaras alguna sustancia de los lagrimales.

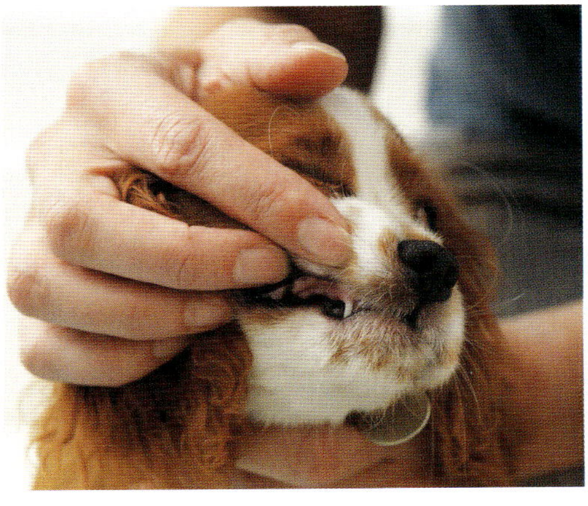

longitud del pelaje del cachorro. Agota primero parte de las energías con una sesión corta de juego. Comienza a asear al cachorro en sesiones cortas, lo suficiente como para acariciar al cachorro por todo el cuerpo, y pasa lentamente a sesiones más largas.

Si trata de morder el cepillo, mete un dedo en el collar y gíralo suavemente para que vuelva a mirar al frente. Si intenta sentarse cuando intentes cepillarlo por debajo, levántalo con suavidad hasta que vuelva a quedar de pie. Si tu cachorro es muy activo y te cuesta cepillarlo, hazlo con más lentitud. Mover las manos con lentitud hace que el cachorro mantenga la calma, así que no intentes cepillarlo demasiado rápido, y ten mucho cuidado de no tirar con fuerza cuando le deshagas nudos del pelo.

Cuando el cachorro haya pasado un tiempo de pie aceptando lo que estás haciendo, interrumpe la sesión y recompénsalo con la cena, un juego o un paseo. Una vez que el cachorro entienda que quedarse de pie y quieto comporta libertad, estará más dispuesto a hacerlo y aprenderá a relajarse hasta que hayas terminado.

Ocasionalmente, pon al cachorro en una mesa para asearlo. Sigue el consejo de la página 136 para levantarlo. Esto le permitirá acostumbrarse, lo cual será beneficioso durante las visitas al

Ejercicio: Cepillado

Retenlo con suavidad y firmeza, con una mano por delante del pecho y los hombros. Con un cepillo blando, comienza a cepillarlo por la espalda, por los costados hacia abajo y luego entre las patas traseras y bajo el cuerpo. Cepilla las patas una a una y luego la cabeza. Cepilla con suavidad cerca del área de la cabeza porque es muy sensible. Si el cachorro se retuerce y revuelve, retenlo con firmeza, usando las dos manos si fuera necesario, hasta que pare. Háblale en todo momento con la voz tranquila, elogiándolo siempre que se quede quieto.

veterinario o al peluquero canino. Asegúrate de que no se caiga de la mesa.

Enséñale a aceptar que lo sequen con una toalla frotándolo hacia abajo suavemente. Actúa con más lentitud si comienza a moverse, y haz que al principio las sesiones sean muy cortas, aumentando la duración poco a poco.

Si tu cachorro tiene el pelo largo y hay que recogérselo con una pinza, acostúmbralo desde pequeño poniéndole las pinzas o aproximando una afeitadora eléctrica sin cuchillas mientras le das de comer algo bueno. Acostúmbralo con el mismo método a los secadores, pero intenta evitar que el chorro de aire le dé en la cara hasta que esté muy acostumbrado.

Aproximarse amenazadoramente y abrazar

Aunque la mayoría de los dueños saben el modo correcto de aproximarse a los perros, algunas personas intentarán –poco acertadamente– tocar a un cachorro con una postura corporal que despierte miedo. Por ejemplo, se cernerán encima del cachorro, mirándolo a la cara y luego bajarán una mano directamente sobre su cabeza. Acostumbrar a un cachorro se suele producir de forma natural como parte del proceso de socialización, pero, por si acaso, es bueno prepararlo para estas situaciones.

Intenta que el ejercicio sea divertido y forme parte de la vida diaria. En ocasiones, ciérnete

Ejercicio: Abrazar

Ayuda al cachorro a acostumbrarse a que la gente lo abrace volviendo el ejercicio divertido. Aprenderá que es una conducta humana normal y dejará de tener miedo. Comienza por asirlo suavemente por el cuello y ve progresando hasta asirlo con más fuerza.

sobre tu cachorro, extendiendo una mano para acariciarle la cabeza. A continuación, ofrécele una galleta y juega con él. Pronto aprenderá que esta es una conducta normal de los seres humanos y dejará de preocuparle.

En las emergencias la gente a menudo alza a los perros en brazos, por lo general rodeando el cuello con un brazo, por su propia seguridad o por la de otros. Si no está familiarizado con el procedimiento, el perro puede volverse en defensa propia y morder la mano que lo agarra. Mientras tu cachorro sea todavía pequeño, acostúmbralo asiéndolo suavemente y

¡No le toques la cabeza!

- Los cachorros no apreciarán el afecto físico si les tocan la cabeza, porque se cubren sus órganos de los sentidos y se tocan sus sensibles bigotes. Por tanto, acaricia suavemente el área del pecho, el cuello y la espalda.

Tocar el pecho hace que este cachorro se sienta más cómodo que si tuviera las manos en la cabeza.

El cepillado será una experiencia más placentera para tu cachorro si se hace con suavidad y lentamente.

ofreciéndole una galleta cuando se gire a ver qué ocurre. Retenlo poco a poco con más vigor, pero siempre sin hacerle daño. Ten una galleta lista y conviértelo en un juego elogiándolo y jugando a continuación. El cuello es particularmente sensible a que lo agarren, porque es el punto que los perros suelen atacar. Como también es el lugar por el que la mayoría de la gente agarra a los perros, presta especial atención a desensibilizar esta área.

Manipulación por otras personas

Una vez que tu cachorro se haya familiarizado con que lo toquen y cepillen, pide a otras personas que lo intenten. Empieza por personas a quienes tu perro conozca bien y con las que se muestre amistoso, y termina por personas totalmente extrañas. Supervisa todo el procedimiento y ayuda si tu cachorro comienza a parecer ansioso. El uso generoso de galletas durante estos ejercicios garantizará que tu cachorro aprenda no sólo a tolerar este trato, sino también a disfrutar de él. Es importante que se acostumbre a que lo toquen niños, así que intenta que ellos participen.

Bozales

Un perro equilibrado y educado no debe tener necesidad de morder. No obstante, hasta los perros más dulces pueden morder si tienen mucho dolor. Por esta razón es buena idea acostumbrar a tu perro a llevar un bozal desde pequeño. Los bozales tipo cesta son los mejores porque los perros pueden respirar y beber con ellos puestos. Preséntale el bozal dándole galletas al principio, y no haciéndolo hasta el final cuando el cachorro se haya acostumbrado a él. Pónselo poco tiempo, justo antes de algo que le guste como la llegada a casa de miembros de la familia, salir a pasear o cenar. Quítale el bozal en cuanto comience esa actividad que le gusta. De este modo relacionará el bozal con experiencias agradables y lo tolerará más rápidamente. Compra dos bozales a su medida cuando sea adulto, y ten siempre uno en el coche y otro en casa por si las moscas.

CAPÍTULO 13

Educación

Es mucho más fácil establecer buenos hábitos que corregir otros malos. Los buenos hábitos que se crean mientras el cachorro es todavía pequeño e impresionable durarán toda la vida. Se inculcan manipulando situaciones para que al cachorro le resulte más ventajoso hacer lo correcto que hacer algo que no le guste. Siempre puedes recompensar su buena conducta para aumentar la posibilidad de que ese comportamiento se repita.

Las malas costumbres son igualmente duraderas, por lo que conviene evitar que se desarrollen. Si se impide completamente a un cachorro que haga cosas inaceptables durante su primer año de vida, no las hará tampoco cuando sea mayor. Las conductas indeseables –como saltar sobre la gente– a menudo son atractivas para los cachorros, así que tendrás que anticiparte y prevenirlas para garantizar que nunca le das la oportunidad de aprenderlas y disfrutar de ellas. Esto permitirá establecer los buenos hábitos desde el principio.

Es aconsejable que toda la familia decida de antemano las conductas aceptables para fomentarlas y evitar que tu cachorro haga cosas que no te harán ninguna gracia cuando crezca.

Aprender a superar la frustración

No se puede dejar a los perros mascota que hagan cuanto se les antoje en un mundo de personas, ya que su libertad está restringida por vallas, puertas y los deseos de sus dueños. Lo mejor es que los cachorros aprendan cuanto antes a superar los sentimientos que experimentan cuando no se salen con la suya. Al igual que los niños pequeños quieren caramelos y otras cosas en los supermercados y no se las damos, tu cachorro puede mostrar una conducta indeseable cuando se le niega lo que quiere. Es mucho mejor que aprenda a controlarse de forma gradual y en territorio propio a que lo haga en un sitio público donde resulte complicado no hacerle caso. También es importante que aprenda a afrontar la frustración desde pequeño, antes de que aumente de tamaño y sea más difícil de controlar.

Enseñar a los cachorros a superar la frustración es muy fácil y debe ser un proceso gradual y natural a medida que crecen. No obstante, si tienes un cachorro voluntarioso y eres un dueño muy indulgente, tal vez quieras probar el

Enseñar a tu cachorro a afrontar la frustración cuando no puede salirse con la suya es importante para su educación.

Un cachorro bien educado será más bienvenido que otro que salte y se comporte continuamente mal.

siguiente ejercicio para garantizar que tu cachorro aprende la lección.

Busca algo que le guste a tu cachorro y, una vez puesto el collar o arnés y la correa, lánzalo o déjalo fuera de su alcance. No hagas caso a cuanto haga, como luchar con la cadena, retorcerse, morder la correa y ladrar. No digas nada, tócalo y ordénale que pare, y no le dejes desplazarse hacia el objeto. Espera hasta que se haya calmado por completo y su conducta se vuelva aceptable, entonces suéltalo y deja que coja lo que quiere.

Practica este ejercicio a diario, pasando de cosas por las que no muestre mucho interés a cosas que le gusten realmente. Una vez mantenga la calma en casa, practica en otros lugares. Además, aprovecha todas las oportunidades de practicar este ejercicio cuando su nivel de excitación sea alto; por ejemplo, si hay cerca otros cachorros jugando y quiere unirse a la fiesta, espera a que esté totalmente en calma antes de soltarlo. De este modo aprenderá a superar sentimientos que no puede afrontar solo y logrará controlarse en toda suerte de circunstancias. Esto hará que tengas un cachorro tranquilo que esperará con paciencia cuando esperes de él ese comportamiento. Este autocontrol es la base de la educación.

Saltar sobre la gente

Es natural que tu cachorro quiera aproximarse a tu cara al saludarte; saltar es su modo de conseguirlo. Si le hablas, miras o recompensas prestándole atención cuando haga esto, incluso para decirle que pare, aprenderá que consigue resultados y se convertirá en un hábito enojoso.

Para evitarlo, *nunca* saludes al cachorro a menos que salte levantando todas las patas del suelo. Si está saltando, no le prestes atención, da lentamente la vuelta y dale la espalda hasta que deje de saltar antes de saludarlo. Entonces agáchate y acércale la cara para que te salude adecuadamente (tal vez te lama la cara, así que ¡prepárate!). Si es pequeño, tendrás que ponerte a su nivel. Esto evitará que salte y si, en caso de que lo haga, nunca recibe atención, pronto aprenderá a no hacerlo.

Si no puedes saludarlo en seguida –por ejemplo, si acabas de entrar en casa y llevas bolsas con la compra–, no le hagas ningún caso hasta que puedas. Pasa rápidamente junto a él, teniendo cuidado de no pisarlo, y no lo saludes hasta que estés listo.

Como los cachorros son alegres y mimosos, otras personas también querrán saludarlos y pueden acabar rápidamente con todo el buen trabajo logrado si se les permite (o se les anima) a saltar. Por este motivo, supervisa siempre a tu cachorro cuando conozca a nueva gente, previniendo que salte aguantándolo por el collar o enseñando a la otra persona a saludar correctamente a un cachorro. Presta especial atención al modo en que el cachorro saluda a los niños. Los niños suelen excitar mucho a los cachorros y es menos probable que sepan cómo comportarse, por lo que, pueden enseñar al cachorro a saltar. Supervisa estos encuentros

Ejercicio: Saludar a la gente

1 Comienza por sujetar al cachorro con la correa cuando saludes a otras personas para poder controlar lo que hace. Tal vez intente saltar sobre la visita, pero, como lo estás sujetando con la correa, no lo logrará. Tu visita esperará hasta que tenga las cuatro patas en el suelo y se haya calmado antes de saludarlo.

para que tu cachorro aprenda a tratarlos con respeto.

Tus hijos también deben saber cómo actuar si el cachorro salta sobre ellos mientras juegan. Enséñales a cruzar los brazos sobre el pecho, a quedarse de pie quietos y a mirar al frente y no al cachorro mientras dicen «¡abajo!» en voz alta. Como ahora están quietos, el cachorro perderá interés y se alejará para buscar otro entretenimiento. Al final empezará a asociar la orden «¡abajo!» con el fin del juego y aprenderá a responder a esa voz.

Saludar a personas

El ejercicio que mostramos abajo enseñará a tu cachorro a saludar con educación a la gente. Tras varias repeticiones, el cachorro empezará a calmarse por sí solo cuando salude a la gente, aunque tendrás que supervisar los encuentros durante su infancia por si acaso. Practica sobre todo en la puerta de entrada a la casa para que tu cachorro aprenda a comportarse bien cuando lleguen visitas. Prepara varias sesiones en las que toda la familia salga por la puerta trasera y entre por la delantera uno a uno, llamando al timbre y siendo invitados a entrar como si de visitas se tratara. Tus vecinos tal vez piensen que estáis locos, pero al final tendrás un perro que esperará a que lo saluden en vez de saltar sobre las visitas y comportarse mal.

Una vez el cachorro haya aprendido a sentarse a tu orden, podrás enseñarle del mismo modo a sentarse antes de saludar a las visitas, lo cual resultará mucho más educado.

Pasar junto a personas y perros

Toda la socialización que está experimentando tu cachorro hará que disfrute conociendo a otras personas y perros. No obstante, siempre habrá momentos o casos en los que no quieras que

2 En cuanto tu cachorro esté en calma y a la espera, la visita podrá avanzar, agacharse, saludar al cachorro y elogiarlo haciéndole una caricia enérgica en el pecho y ofreciéndole una galleta. Sujétalo por el collar si es necesario para evitar que salte sobre la visita si se le pasa de nuevo por la cabeza.
Si el cachorro se vuelve a excitar e intenta saltar, la visita retirará las manos y no le hará ningún caso. En cuanto se haya calmado de nuevo, la visita podrá volver a prestarle atención.

Enseña a tu cachorro a que vuelva a ti antes de dejar que salude a un extraño o a otro perro.

salude, como ante personas que tienen miedo a los perros o no les gustan, o ante un perro de conducta agresiva.

Por tanto, debes enseñar al cachorro a volver primero a ti antes de correr a saludar a alguien o a otro perro. Llámalo a tu lado siempre que se aproxime a una persona o perro y recompénsalo bien cuando se te acerque. Si decides mantenerlo apartado del que se aproxima, anímalo a concentrarse en ti jugando u ofreciéndole una galleta hasta que la persona o perro hayan pasado. Así aprenderá a caminar en calma junto a ti mientras pasan a vuestro lado personas y perros, en vez de tirar de la correa y aproximarse porque le resultan más interesantes.

Ladrar en exceso

A medida que los cachorros maduran, manifiestan sentido de guarda hacia los seis a siete meses de vida. Los dueños que desconocen este hecho y que animan a sus cachorros a ladrar desde pequeños, terminan con perros que ladran a la menor ocasión. Esto se convierte pronto en un problema y resulta difícil de controlar más tarde.

Nunca animes a ladrar a un cachorro. Si tiene suficiente socialización, tu cachorro estará relajado y contento y no considerará una amenaza los ruidos y visitas con los que esté familiarizado. Esto no significa que no haga caso de una amenaza grave hacia ti o tu hogar. Los perros adultos bien socializados saben cuándo proteger la manada o el territorio y lo harán sin que nadie les enseñe.

Intenta no dejar que tu cachorro ladre cuando corra por el jardín, ya que puede molestar a los vecinos y convertirse en un mal hábito. Si está excitado por salir al jardín y es probable que ladre, ponle la correa y no te muevas hasta que esté tranquilo. Acompáñalo cuando esté en el jardín si fuera necesario, e interrúmpelo si ladra innecesariamente. De este modo le enseñarás a estar en silencio en el jardín a menos que haya algo serio por lo que ladrar. Al final podrás dejarlo solo, pero únicamente cuando haya aprendido unos hábitos aceptables.

Es natural que algunos perros, sobre todo de razas enanas, ladren cuando están excitados. Nunca recompenses esa actitud prestándoles atención, hablándoles, gritándoles o tocándolos. Si espoleas esa conducta cuando es un cachorro, se agudizará cuando sea más mayor. En vez de eso, descubre cuál es la situación que provocó

Si tu cachorro ladra en exceso, resultará molesto y difícil de controlar cuando sea adulto, por lo que lo mejor es no espolear esta conducta en los cachorros.

los ladridos e intenta buscar el modo de recompensarlo sólo cuando esté callado. Digamos, por ejemplo, que tu cachorro ladra excitado cuando cree que está a punto de salir a pasear. Para no recompensar esa conducta, interrumpirás los preparativos mientras siga haciendo ruido. Quédate quieto, no le hagas caso, espera pacientemente y evita el contacto ocular. Continua preparando el paseo cuando se calle.

Tomar la comida con cuidado

Los cachorros aprenderán en seguida a soltar una dentellada para atrapar la comida que tengas en la mano si la alejas cuando se aproximen. Por eso, mantén la mano quieta cuando le ofrezcas comida para que aprenda a juzgar adónde dirigir los dientes. Al principio mostrará cierta torpeza y es probable que te mordisquee los dedos, aunque no sea su intención. Intenta no mover la mano y pronto aprenderá a ser más cuidadoso. Si no puedes tolerarlo, deja las galletas sobre la palma de la mano y enséñale gradualmente a tomar la comida que tengas entre los dedos.

Otra forma de enseñarle es sostener la galleta entre el índice y el pulgar, pero cerrando la mano para que el cachorro te incite con el morro, como se muestra en el ejercicio de abajo.

Los niños deben aprender estos métodos para ofrecer comida, porque sus dedos son más

Ejercicio: Tomar la comida con cuidado

1 Mantén la galleta entre el índice y el pulgar, pero cierra la mano en un puño antes de ofrecerle el dorso de la mano. Cuando se acerque a atrapar la comida, te hocicará el dorso de la mano con el morro.

sensibles y es más probable que intenten retirar la mano, con lo cual no harán más que animar al cachorro a morder con prisa la próxima vez que le ofrezcan una galleta. Intenta prevenir situaciones en las que pueda robar de una dentellada la comida de un niño pequeño que está caminando y comiendo. El niño tendrá que comer sentado o habrá que sujetar al cachorro hasta que se acabe la comida. Nunca gastes bromas a un cachorro con la comida porque aprenderá a lanzarse a por ella, lo cual puede causar mordiscos no intencionados. Dale siempre comida en un ambiente de confianza para que no aprenda a cogerla a dentelladas.

Que no pida comida

Si le das de comer mientras comes o justo después, pronto aprenderá a anticiparse y se sentará junto a ti babeando e inquieto. Prevenir esa conducta es fácil si se convierte en norma de la casa que nadie le dé de comer en tales circunstancias. Tu cachorro aprenderá que no puede comer los alimentos que comen los seres humanos y no molestará durante las comidas.

Los cachorros se mantendrán lejos de la mesa mientras comes para que no puedan comer nada que caiga al suelo, o que les den a propósito los niños o las visitas. Enseña a tu cachorro a tumbarse junto a la mesa y elógialo de vez en cuando por quedarse quieto. Al principio, tal vez

◁ **2** Empezará a dudar y, cuando lo haga, abre la mano y ofrécele la comida en la palma con los dedos extendidos. Entonces tomará la galleta sin morderte los dedos. Al final aprenderá a acercarse y esperar cerca de la mano a que la abras y le enseñes la comida.

Un cachorro hambriento necesita supervisión si existe la tentación de robar comida a la altura de su nariz.

tengas que atarlo o impedir su acceso al comedor hasta que haya adquirido el hábito correcto. Como alternativa, podrías usar una reja para niños y mantenerlo fuera de la habitación en la que estéis comiendo. Entonces podrá verte mientras comes y se acostumbrará a tumbarse y a esperar con paciencia a que termines.

Tumbarse

Tener un cachorro que se tumbe durante cortos períodos es útil cuando no quieras que participe en lo que estés haciendo, por ejemplo, cuando lo llevas a visitar la casa de un amigo o si recibes visitas.

Comienza en casa cuando el cachorro sea un poco más mayor y esté acostumbrado a llevar correa y haya aprendido la orden «¡túmbate!». El perro debe hacer ejercicio antes para liberar el exceso de energía. Siéntate cómodamente con un libro que leer o realiza una actividad similar. Pon a tu cachorro, con la correa, a tu lado y pídele que se tumbe. Oblígalo a tumbarse si fuera necesario y pisa la correa con el pie para que no se pueda ir muy lejos. Elógialo y deja que se relaje. Si intenta incorporarse, la correa evitará que se aleje y pronto volverá a tumbarse. Elógialo siempre que se tumbe, y, en caso contrario, no le hagas caso. Interrúmpelo si mordisquea la correa o tus zapatos y elógialo si se tumba tranquilamente. Darle un juguete para morder ayudará a que se tumbe y calme.

Comienza por dejarlo así unos pocos minutos y aumenta el tiempo gradualmente hasta que el cachorro aguante una media hora mientras tú haces otra cosa. Cuando esté familiarizado con el ejercicio, enséñale a tumbarse fuera de tu hogar, en casa de otras personas, en transportes públicos o en cualquier sitio donde tu perro tenga que aprender a tumbarse tranquilamente.

Viajes en coche

Meterse en un coche no es una experiencia natural para un cachorro joven, así que lo importante es que se aclimate lentamente. Tumbarse en el suelo en movimiento de un vehículo mientras gira y da la vuelta es una lección importante para los perros mascota. Un perro que acepta viajar en coche como parte de su vida puede ir a cualquier parte y participar en todas las actividades de la vida de sus dueños.

En su primer viaje a tu casa lo mejor es que el cachorro viaje sobre el regazo de alguien o en una caja de cartón a los pies de algún pasajero. En ese momento acaba de dejar a su madre y hermanos, lo que ya será una experiencia en sí bastante traumática, sin tener que pasar por el trance de viajar en coche. Durante los viajes posteriores irá en un lugar donde esperes que viaje cuando sea mayor (y más grande). Elige algún lugar donde esté seguro y no pueda

Enseña a tu cachorro a echarse cuando se lo pidan, practicando esa técnica con frecuencia en casa y otros lugares mientras sea pequeño.

moverse por todo el coche, para que no aprenda a saltar y distraiga al conductor. Si viaja sobre el asiento, usa un arnés de perro para coches con el que no se pueda caer. También sirve una jaula de viaje para que esté seguro, pero primero se debe acostumbrar a estar confinado en casa y habrá de ser lo bastante grande como para que pueda estar de pie, girar y tumbarse; compra, si fuera necesario, una más grande cuando crezca.

En cuanto el cachorro se haya acostumbrado a tu hogar, comienza a familiarizarlo con el coche dejándolo dormir allí media hora diaria. Cubre toda el área con un material blando y absorbente, mételo y deja que explore. Deja que se tumbe y cierra la puerta con cuidado de no asustarlo por cerrar con fuerza. Comprueba que tenga sueño y haya hecho sus necesidades antes de entrar. No hagas la prueba en un día caluroso, o si el coche está al sol y en un lugar por el que pase gente.

Cuando compruebe que en el coche se está en calma, comienza a hacer viajes muy cortos, sacándolo a veces a dar un paseo a mitad de recorrido como recompensa. Toma las curvas y baches con cuidado para que no se altere. Recuerda que no puede ver lo que hay fuera ni predecir lo que hará el suelo sobre el que está sentado. Si el suelo empieza a botar sin parar, se

Puntos clave

- Para el viaje, pon al cachorro sobre un lecho blando, absorbente y antideslizante.
- Cierra las puertas con cuidado y sin dar portazos, y no pongas el coche en marcha hasta que el cachorro esté encerrado, ya que el olor del tubo de escape puede desagradarle y atemorizarlo.
- Conduce pensando en los viajeros; recuerda que tu cachorro no ve la dirección que toma el coche, el asiento no lo sujeta y no le es posible predecir cuándo llegará la próxima curva.
- Toma despacio curvas, baches y bandas sonoras y acelera/desacelera con suavidad; las curvas hacen que el coche se mueva de forma impredecible desde el punto de vista del cachorro.

Deja que tu cachorro se acostumbre al coche animándolo a que pase tiempo en él. Tiene que acostumbrarse a viajar desde pequeño para que pueda ir a todas partes sin crear problemas.

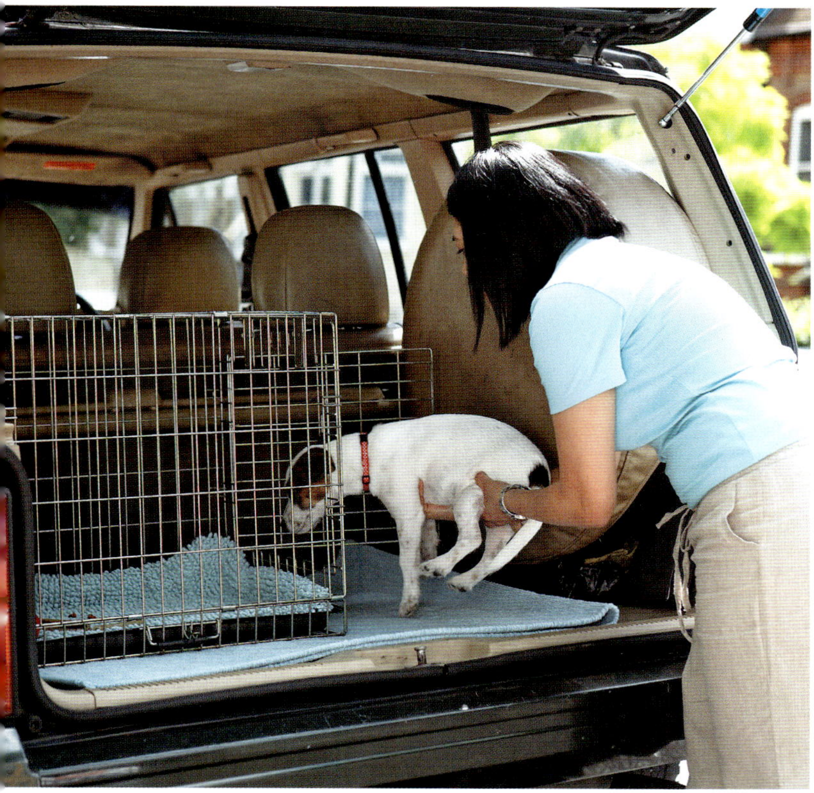

Una jaula de viaje puede ayudar al cachorro a sentirse más seguro, siempre que elijas una del tamaño adecuado para su raza.

asustará, que es lo opuesto a lo que tú pretendes. Cuando llegues a casa, llévalo directamente al área donde hace sus necesidades antes de entrar.

Sigue con esta rutina aumentando gradualmente la distancia hasta que aguante viajes bastante largos. Así acostumbrarás lentamente a tu cachorro a viajar en coche sin asustarlo ni que se excite. Aprenderá a considerar los viajes en coche como algo habitual y esperará con paciencia hasta llegar al destino.

¡Ten cuidado!

- No dejes al cachorro dentro del coche un día de calor o sol; las temperaturas dentro del coche suben con rapidez y los cachorros pueden morir rápidamente de un golpe de calor.

Si tu cachorro babea o se marea, es probable que esté ansioso y preocupado por el movimiento. Para superarlo, haz muchos viajes cortos, nunca más allá de lo que pueda aguantar sin parar. En el caso de algunos cachorros, esto supondrá llevarlo repetidas veces hasta el final de la calle y volver lentamente a casa. Acostumbrar gradualmente a tu cachorro a viajar de este modo lleva tiempo al principio, pero valdrá la pena al final porque tendrás un perro contento de viajar y que podrá ir a todas partes.

Antes de dejar que tu cachorro salga del coche, insiste en que espere un poco después de abrir la puerta de la jaula y elógialo por saber esperar. Impide que se mueva si fuera necesario. Una vez que sepa que los viajes en coche a menudo terminan con un paseo, estará ansioso por viajar en coche. Conviértelo en un hábito mientras sea un cachorro y tendrás un perro adulto bajo control cuando abras la puerta del coche, un perro que esperará sentado educadamente hasta que le permitas salir del coche.

CAPÍTULO 14

Aprender a quedarse solo

Los perros son animales sociables y no es natural que estén aislados de los demás. A los cachorros hay que enseñarles con paciencia y estructuradamente a tolerar el aislamiento para quedarse solos sin problema.

Si el cachorro se encuentra de repente solo durante horas, sufrirá un gran trastorno y ansiedad, y ese sentimiento se reproducirá siempre que el cachorro se quede aislado. Un perro que no ha aprendido a estar solo puede arañar puertas, destrozar alfombras, moverse incesantemente de un lado a otro de la habitación, tirar cosas de los muebles y alféizares, ladrar, aullar y hacer sus necesidades dentro de casa. Es fácil evitarlo si le enseñamos poco a poco a quedarse solo, sobre todo si empezamos a edad temprana. Al igual que con el proceso de socialización, sólo necesitarás tiempo.

Cómo hacerlo

Los cachorros, como todos los animales pequeños e indefensos, tienen miedo al abandono de su figura paterna hasta que maduran y confían más en sí mismos. Como tú eres ahora un sustituto de la madre, tendrás que enseñar gradualmente al cachorro a ser independiente de manera parecida a como sucedería en la naturaleza.

En cuanto llegue el cachorro a casa, comienza el proceso de enseñarle a estar solo.

Tu cachorro necesitará aprender a superar la sensación de soledad que experimentará en cuanto se cierre la puerta entre él y tú.

Elige un momento en que esté cansado y lo más probable sea que se eche a dormir. Juega un poco con él y sácalo fuera por si quiere hacer sus necesidades. Luego llévalo a su yacija y déjalo solo en la habitación. Los cachorros se suelen sentir más seguros si cuentan para dormir con un área parecida a un cubil. Meter la yacija bajo una mesa o en un hueco, o en una caseta de interior y rodeada por una manta, puede ayudar a que se tranquilice y tumbe con más rapidez.

No hagas caso de sus gemidos, ladridos y arañazos en la puerta. Si está cansado, pronto aceptará estar solo y se tumbará a dormir. Mientras sea muy pequeño, abre la puerta cuando se quede dormido. Así podrá acudir a ti cuando despierte y podrás sacarlo a que haga sus necesidades. Repite este ejercicio muchas veces, alargando el tiempo que el cachorro pase solo hasta que aguante unas horas de separación.

Además de enseñarle a estar solo, practica algunas veces a cerrar puertas detrás de ti para que no pueda seguirte de habitación en habitación. Si haces esto cuando vayas a volver en seguida a la habitación en la que está tu cachorro, aprenderá que vas a volver pronto y no tendrá que preocuparse.

Nunca entres cuando el cachorro esté armando jaleo. Si lo haces, estarás recompensando esa conducta y lo hará más veces. Espera a que esté tranquilo antes de entrar y elogia su conducta. Entra en cuanto se quede en silencio un momento; si dejas al cachorro llorando durante horas sólo conseguirás que tenga miedo a quedarse solo. Aumenta gradualmente la duración hasta que las ausencias sean más largas, pero nunca más de lo que tu cachorro pueda soportar. Si es cariñoso y dado a la compañía, necesitarás más perseverancia para enseñarle a quedarse solo que si el cachorro tiene un carácter más independiente.

Nunca castigues a un perro al volver tras una ausencia; no importa lo que haya hecho mientras estuviste fuera. Tu perro no podrá relacionar el castigo con lo que hizo hace tiempo y tampoco impedirás que lo haga la próxima vez. Sin embargo, lo que sí pensará es que estás enfadado por haber regresado. Esto hará que sienta ansiedad la próxima vez que te vayas, porque ahora estará preocupado por tu regreso y quizás derive más adelante en problemas de separación.

CAPÍTULO 15

Adiestramiento del cachorro

Resulta mucho más fácil vivir con perros que obedecen a sus dueños y se las controla con una señal o una orden verbal. Probablemente también llevarán una vida mejor. Tener que gritar continuamente a tu perro para que obedezca o tener que controlarlo o moverlo físicamente es un trabajo duro. Tampoco es agradable para el perro.

El objetivo del adiestramiento es dar a tu cachorro órdenes que entienda y que faciliten el día a día. Una ventaja adicional del adiestramiento es que tendrás un perro más compenetrado contigo que comenzará a anticiparse a tus deseos para que lo recompenses.

Usar métodos de adiestramiento que dependan de las recompensas para hacer lo correcto en vez de usar castigos para las malas acciones significa que podrás enseñar a cualquier cachorro, sea cual fuere su edad, en cuanto se haya acostumbrado a su nuevo hogar.

Ensayo, éxito y error

Los cachorros, al igual que nosotros, aprenden de los éxitos y fracasos. Si un perro se quema la nariz en el fuego, aprenderá a no volver a hacerlo. Si un perro ladra para llamar nuestra atención y nadie le hace caso, al final dejará de ladrar. Pero, si hace algo que recibe recompensa como volcar la papelera y encontrar comida dentro, es probable que repita.

Repetir una conducta premiada o dejar de hacer cosas desagradables o que no reciben premio es la base de toda experiencia de aprendizaje. Funciona con personas y otros animales al igual que con los perros. Para

Adiestrar a tu cachorro con métodos positivos que recurran a galletas, juegos y elogios reforzará los lazos entre los dos.

Animar a tu cachorro a que te preste atención es una parte importante del adiestramiento para responder a órdenes.

adiestrar a un cachorro, sólo hay que aplicar este proceso y manipular las situaciones para que aprenda lo que deseas que haga.

La relación correcta

Antes de iniciar el adiestramiento, debes haber establecido una relación correcta con tu cachorro. Tiene que ver en ti a un líder y a un amigo.

El éxito del adiestramiento depende de que el perro te considere lo bastante importante como para obedecer instrucciones. Si tu cachorro te considera un igual o, peor aun, un miembro débil de la manada, creerá que no tienes derecho a decirle lo que debe hacer. Al erigirte en líder, tus deseos son más importantes que los suyos. Cuanto mayor crea que es tu estatus, más se esforzará por complacerte. Este liderazgo se alcanza con las tareas desarrolladas a diario con tu cachorro (véase la página 78); no debes esperar a iniciar el adiestramiento para enseñarle quién es el jefe. De lo contrario, tendrás que recurrir a la fuerza y eso creará resentimiento y aprensión en tu cachorro.

Otro elemento esencial para el adiestramiento con recompensas es que el perro te considere su amigo. Si es así, estará relajado en tu compañía y no sentirá aprensión alguna que inhiba el proceso de aprendizaje. Que sea tu amigo también hará que quiera complacerte porque aprecia tus elogios cuando hace algo correcto.

El viejo método de adiestramiento implicaba una cantidad considerable de castigos, a menudo administrados con un collar de ahorque. Los adiestradores severos usaban el castigo cuando el perro no hacía lo correcto. Como el método era muy desagradable para los perros, a los

Hay muchos tipos distintos de alimentos que sirven como recompensa durante el adiestramiento. Las galletas y los bocados blandos y sabrosos fáciles de manejar son las más eficaces.

cachorros se los dejaba hasta que tenían seis meses; antes de esta edad, los cachorros eran demasiado pequeños para soportar los rigores de este método.

Motivación y recompensa

Todos los animales aprenden más deprisa y retienen más de lo que han aprendido cuando no tienen miedo. Por tanto, el adiestramiento mediante recompensas es mucho más eficaz y permite al cachorro aplicar todas sus energías al aprendizaje de las tareas. Un clima de confianza entre el cachorro y el adiestrador le permite ser más creativo y es más probable que pruebe nuevas formas de obtener la recompensa sin miedo a hacerlo mal.

Una recompensa puede ser cualquier cosa que el cachorro quiera. Las recompensas más evidentes y sencillas son:

- Comida.
- Contacto social placentero con personas.
- Juegos con juguetes.

Cada perro tiene distintas motivaciones y es tarea tuya encontrar lo que más le gusta a tu cachorro. El adiestramiento basado en recompensas depende de que el cachorro quiera las recompensas que le ofreces y haga lo que le pides para obtenerlas. Contar con recompensas que generen suficiente motivación es importante, porque cuanto más motivado esté el cachorro, más se esforzará por aprender la tarea.

Antes de iniciar una sesión de adiestramiento asegúrate de que usas las recompensas que desea el cachorro en ese momento concreto de su vida. Tal vez tenga hambre antes de una comida, por lo que algún tipo de alimento funcionará a la perfección. O tal vez no tenga hambre, pero se sienta juguetón, por lo que jugar con un juguete será una buena recompensa. El adiestramiento basado en recompensas requiere que adivines correctamente lo que desea tu cachorro en cada momento. Como alternativa, puedes modificar la situación para provocar en él el deseo de lo que le estás ofreciendo durante la sesión de adiestramiento.

Otorga recompensas acordes a lo que más desea tu cachorro y usa recompensas mejores para las tareas más difíciles. Las mejores recompensas se deben reservar para cosas realmente difíciles, como que acuda a ti cuando lo llamas mientras está jugando con niños u otros cachorros.

Pasadas unas semanas de adiestramiento, tal vez descubras que el cachorro pierde interés por las recompensas por las que antes tanto se esforzaba. Al igual que nosotros, los cachorros se pueden aburrir de obtener siempre lo mismo, y cambiar las recompensas cada semana hará que la respuesta del cachorro vuelva a cubrir todas tus expectativas.

Si te esfuerzas por conservar la atención de tu cachorro y su motivación es escasa, aumenta el valor de las recompensas o cambia el tipo de recompensa que le ofreces. Plantéate también otras motivaciones internas que puedan impedir que aprenda, como tener ganas de hacer sus necesidades, tener sed, estar cansado o no sentirse bien.

Galletas

Si tu cachorro acaba de comer y le ofreces galletas, no es probable que se esfuerce mucho

Una relación basada en la confianza y el respeto constituye la mejor base para el adiestramiento.

por ganarlas. Sin embargo, esto no significa que deba tener mucha hambre para adiestrarlo. De hecho, tener hambre puede distraer el proceso de aprendizaje y hacer que no piense en nada más que en obtener comida. Justo antes de una comida es el período ideal para el adiestramiento, cuando el cachorro siente el gusanillo del hambre pero no tiene un hambre de lobo.

Tu cachorro trabajará mejor con galletas que huelan bien, sean blandas y sabrosas. Una salchicha o hígado cocidos y cortados en trocitos son un buen ejemplo. Secarlo en el horno significa que perderá su blandura, pero se podrá guardar en un contender hermético para tener siempre galletas a mano. Tener estos frascos en distintas habitaciones de la casa te garantizará que nunca estarás muy lejos de las recompensas si sólo dispones de unos pocos minutos para una sesión de adiestramiento.

Si decides usar galletas caseras, alguna de las muchas marcas de galletas para perros a la venta u otra cosa, asegúrate de que los trocitos sean pequeños, como dados de 5 mm o menos (del tamaño de un guisante). Lo más curioso es que los perros se esfuerzan más si los trocitos son pequeños. Además, así se llenan con menos rapidez y las sesiones de adiestramiento pueden durar más.

Si te preocupa que tu cachorro se ponga gordo con todas las galletas que usas para adiestrarlo, reduce el volumen de sus comidas. Cuando comiences a adiestrarlo, introduce lentamente las galletas que vayas a usar, para evitar sobrecargar su estómago con grandes cantidades de un alimento nuevo, pasando de un poco al principio y luego un poco más cada día.

Complacerte

Recurrir a comida cuando adiestres cachorros facilita que entiendan tus deseos. Aunque se les recompense con comida, también estarán esperando tu aprobación. Los cachorros aprenderán mucho más rápido si los recompensas no sólo con la comida, sino también elogiándolos con alegría y sinceridad siempre que hagan lo que se les pide.

Los elogios verbales son más eficaces si se adopta un tono de voz agudo, feliz y excitado, y los elogios físicos son mejores si se acaricia el pecho y la espalda suavemente (evita darle palmaditas en la cabeza: ¿acaso te gustaría a ti?).

Si has establecido una relación correcta con tu cachorro, que quiera complacerte será con el tiempo una motivación mucho más poderosa que esforzarse únicamente por obtener comida.

Juguetes y juegos

Con posterioridad, cuando tu cachorro haya aprendido las órdenes básicas, podrás usar

Mantén frascos con galletas en lugares apropiados de distintas habitaciones de la casa para iniciar sesiones espontáneas de adiestramiento siempre que tengas un minuto libre.

Enseñar a tu cachorro a sentarse en el salón es fácil porque puedes practicar con frecuencia.

juegos con juguetes para motivarlo y que haga lo que le pides. Los juegos con juguetes son una continuación de tu aprobación, y divertirse contigo jugando es una gran recompensa para un perro cuando ha aprendido a jugar con juguetes (véase Capítulo 9, página 92).

Algunos cachorros no sienten gran motivación por la comida, pero harán su trabajo por juguetes. Recuerda que la recompensa para el cachorro es el juego, no sólo ganar el juguete, así que juega con él un ratito cuando haga algo bien. Esto, junto con recuperar el juguete al final del juego, lleva tiempo, por lo que al principio es más fácil usar galletas para el adiestramiento.

Distintos lugares

Si enseñas algo a tu cachorro en un sitio (como a sentarse en el salón), no sabrá hacerlo cuando pronuncies la orden en otro lugar (en el jardín o junto al bordillo de una acera). Esto se debe a que los cachorros aprenden ciertas asociaciones junto con el acto en sí, y no sólo la tarea que le estás enseñando.

Digamos, por ejemplo, que enseñas a tu cachorro a tumbarse mientras estás sentado en una silla del salón. Tu cachorro probablemente haya asociado que:

- Si estás en cierta posición en esa habitación, y
- si estás sentado en una silla en particular, y
- si te está mirando directamente, y
- si le das la orden con un cierto tono de voz, recibirá una recompensa por tumbarse en el suelo.

No habrá aprendido la regla de «cuando mi dueño dice "tumbado", si apoyo los codos en el suelo, recibo una recompensa». Elimina cualquiera de esas asociaciones y tal vez tenga dificultad para entender lo que quieres. Así, si, por ejemplo,

Enseñar a tu cachorro el mismo ejercicio en distintos lugares es importante para que aprenda a obedecer atendiendo únicamente a la señal.

lo llevas a la cocina, te quedas de pie junto a él y le pides que se tumbe, no sabrá qué le estás pidiendo. Eso sucederá incluso si está deseoso de hacer algo para ganarse la recompensa.

Para resolver este problema tienes que borrar todas las asociaciones una a una (aparte de la orden verbal en sí) enseñándole todos los ejercicios en muy distintos sitios, en distintas posiciones respecto a ti, usando distintos tonos de voz. Así aprenderá que es la orden verbal la que reporta una recompensa por hacer la acción requerida. (La mayoría de los perros mascota sólo aprenden la orden «sentado», porque es la única que sus dueños repiten el número de veces necesario en muy distintas situaciones.)

Practica cada ejercicio en muy distintos lugares. No sientas sorpresa si en los estadios iniciales el cachorro parece no entender una orden con la que está muy familiarizado en un lugar diferente. Limítate a enseñarle lo que quieres de él, repitiendo pacientemente el proceso de aprendizaje en esa nueva situación; pronto aprenderá a responder a las órdenes verbales que le des. Cada vez que hagas esto estarás mejorando su comprensión y la próxima vez tardará menos tiempo en descubrir lo que quieres. Al final responderá a la primera orden, dondequiera que la des.

Practica siempre que puedas y sobre todo cuando también sea útil que asuma cierta posición, como ordenarle «¡de pie!» para poder secarlo por debajo con una toalla si está mojado tras un paseo o un baño. Si no responde, déjale unos momentos para pensar lo que tiene que hacer, luego usa una galleta para que asuma la posición. Recuerda que debes elogiarlo con sinceridad y darle una recompensa cuando haga lo correcto.

Si quieres poner a prueba si conoce tus órdenes, haz que alguien sostenga la correa, dale la espalda y dale la orden. Si realmente reconoce las palabras, hará lo que le pides. Si se queda de pie moviendo la cola, es que todavía no sabe.

Incorporar distracciones

Una vez que tu cachorro responda a tus órdenes o señales manuales en muy distintos lugares, comienza a enseñarle a responder cuando estén pasando otras cosas a su alrededor. Comienza con distracciones que no sean demasiado excitantes y aumenta gradualmente la dificultad con cosas que prefiera tu cachorro a lo que le estás pidiendo. Asegúrate de que tienes una recompensa realmente buena en caso de que responda para que se dé cuenta de que vale la pena obedecer, y será más probable que responda igual la próxima vez.

Recompensas y grandes premios aleatorios

Una de las mayores objeciones al uso de recompensas para el adiestramiento es que siempre tienes que llevar los bolsillos repletos de galletas y juguetes. Sin embargo, sólo es necesario recompensarle continuamente cuando el cachorro está en los estadios iniciales del aprendizaje. Una vez haya aprendido lo que tiene que hacer, podrás reducir considerablemente las recompensas. Esto puede parecer raro, pero los experimentos científicos han demostrado que los animales se esfuerzan más si se les recompensa ocasionalmente y de forma aleatoria, en vez de constantemente.

Darle ocasionalmente grandes recompensas, con elogios fuera de lo normal y alimentos y juegos especiales, hará que tu cachorro se esfuerce más para intentar ganarlos.

Puntos clave

- Empieza con las recompensas aleatorias sólo cuando tu cachorro haya aprendido perfectamente lo que quieres de él. Recompensarlo de forma aleatoria antes de que haya aprendido el ejercicio no hará más que confundirlo y le costará más aprender.
- Las tareas complicadas o las peticiones difíciles deben recompensarse siempre. Si a tu cachorro hay algo que le cuesta mucho (como un truco complejo) o si no quiere hacer algo pero responde de todas formas (como acudir a tu llamada cuando está jugando con otro cachorro), tendrás que recompensarlo siempre en dichas ocasiones. Las recompensas aleatorias no sirven en este contexto, porque el esfuerzo requerido para hacer lo que le pides supera la «diversión» de apostar si habrá premio o no. Recompénsalo bien y alégrate de que tu cachorro haya hecho ese esfuerzo por ti.

Así pues, una vez que tu cachorro haya aprendido lo que significa una señal manual o una orden verbal, no habrá necesidad de recompensarlo siempre que responda. Esto significa recompensarlo de vez en cuando, dos de cada diez veces y al azar. La transición entre las recompensas continuas y variables debe hacerse de forma gradual; por ejemplo, al principio recompensa ocho de cada diez respuestas correctas, hasta llegar a dos de cada diez. Recompensa sólo las mejores respuestas y potenciarás esas en vez de las otras. En ocasiones, sobre todo si la respuesta ha sido lenta, no le des recompensa alguna excepto una o dos palabras de alabanza para que sepa que ha hecho lo correcto.

Las recompensas aleatorias pueden ser un concepto difícil de aplicar porque estarás acostumbrado a recompensarlo siempre y pensarás que eres un ingrato por no hacerlo. Sin embargo, no olvides que lo puedes elogiar y hacerle saber que ha hecho lo correcto. Si actúas de ese modo, los beneficios serán grandes, porque el cachorro no sabrá si va a recibir una recompensa y se esforzará más por conseguir la misma recompensa que si el premio fuera seguro.

Para que el adiestramiento resulte más divertido para tu cachorro, y para hacer más segura la respuesta correcta, ofrécele grandes premios ocasionales. Al azar, de vez en cuando (una vez de cada veinte respuestas), ofrécele un «gran premio» de elogios, galletas y juegos. Se tratará de una galleta o galletas especiales, o varias cosas que le gustan a la vez. Los grandes premios tienen que ser especiales de veras, así que haz que sea divertido, baila a su alrededor y celébralo con tu cachorro. Es como ganar la lotería, y él comenzará a aventurar el resultado y seguirá respondiendo «por si acaso». Si te guardas los grandes premios y los refuerzos para las mejores respuestas, su conducta mejorará.

Descubrirás que, usando este sistema, tu perro se comportará mucho mejor que si fuera recompensado siempre, ya que la motivación es la esperanza de conseguir el gran premio. En efecto, el perro empieza a «apostar», esforzándose un poco más a pesar de que en ocasiones no obtiene nada, pero en otras se lleva una gran recompensa. Este sistema funciona también con las personas y es la razón por la que la gente apuesta a los caballos y juega a la lotería. A los perros también les gusta «apostar», y puedes usar esa tendencia para mejorar los resultados del adiestramiento.

El momento adecuado

Una buena sincronización es esencial para que el adiestramiento sea eficaz. Las recompensas se deben dar en cuanto tu cachorro intente hacer lo correcto para que la acción requerida sea premiada y se potencie. Lo mejor son las recompensas inmediatas, pero también pueden pasar hasta dos segundos antes de premiar la acción realizada.

Las recompensas que se dan demasiado tarde provocan confusión porque así recompensamos algo que ni nos imaginamos. Digamos que incitas al perro a sentarse y tardas un minuto en darte una galleta que has sacado del bolsillo. Para cuando le des la recompensa, tu perro estará pensando en otra cosa (tal vez en levantarse) aunque siga sentado, y será esa acción la que

Tardar demasiado en darle la recompensa supone que tu cachorro se ponga a pensar en otra cosa y se perderá la ocasión de recompensar la conducta correcta.

estarás recompensado en vez del acto de sentarse.

La sincronización no resulta difícil, pero es una habilidad que se aprende. Algunas personas parecen tener una habilidad natural, pero es probable que hayan tenido más oportunidades para practicar. Jugar al juego del adiestramiento (la idea original de este juego es de la adiestradora de delfines Karen Prior, autora del libro ¡No lo mates... enséñale!) te permitirá practica esta destreza esencial antes de intentar adiestrar a tu cachorro, lo cual evitará que se sienta confuso y ambos viváis la experiencia de un inicio frustrante.

El juego de adiestramiento

Se necesitan al menos dos personas. Una hace de «adiestrador» y la otra de «perro». El «adiestrador» permanece en la habitación y concibe una tarea mientras el «perro» sale hasta que se le invite a entrar (haz que la tarea sea sencilla al principio; por ejemplo, el «perro» tiene que entrar, sentarse en una silla determinada y llevarse las manos a la cabeza).

El «adiestrador» debe ayudar al «perro» a cumplir la tarea sin que nadie hable. El «adiestrador» puede recompensar al «perro» con un toque de silbato (o una palmada si no tiene silbato) siempre que el «perro» avance hacia la meta deseada, por ejemplo, si da un paso en la dirección correcta o muestra una conducta parecida a la que se le exige, como llevar las manos a las orejas. El «perro» necesitará ser todo lo inventivo que pueda para dar al

Como los cachorros se cansan con facilidad, las lecciones deben ser cortas y habrá que ofrecer al cachorro mucho tiempo para que descanse

«adiestrador» algo que recompensar.

El «perro» entra en la habitación y prueba movimientos diferentes para obtener una recompensa del «adiestrador». Al final tendrá éxito y la recompensa del «adiestrador» garantizará que el «perro» asuma el avance hasta completar la tarea.

Hacer de perro y adiestrador en este juego es una experiencia útil. Como adiestrador descubrirás que una sincronización correcta es crítica y que el perro sigue repitiendo acciones que se recompensan accidentalmente o porque la recompensa llegó demasiado tarde. No culpes al perro por ello. Practica a ser el adiestrador hasta que tus reacciones sean más ajustadas. Como adiestrador u observador, también te darás cuenta de cuánto se tarda en conseguir la acción requerida y lo difícil que al perro le resulta entender lo que se le pide.

Haciendo de perro descubrirás lo frustrante que es trabajar para un «adiestrador» cuya sincronización no es todo lo correcta que debiera. Incluso si la sincronización es perfecta, seguirá siendo difícil entender lo que el adiestrador quiere de ti. Descubrir lo agotador que resultar ser el «perro», incluso si tienes un adiestrador experto, es muy útil además de ser un ejercicio de humildad.

Haciendo de «perro» te darás cuenta de toda la presión que tienes que soportar para hacer lo correcto, sobre todo si hay varias personas en la habitación. Los cachorros también sienten la presión, en particular a medida que «aprenden» y se dan cuenta de que quieres que hagan algo que no entienden de inmediato. Por eso los verás a menudo sentándose para rascarse o bostezando cuando están confusos, porque están desviando su mente hacia otra actividad para aliviar la tensión que experimentan.

Al hacer de «perro» también aprenderás lo agotador que resulta tener que concentrarte en lo que se te pide, una buena lección para que las sesiones sean muy cortas. También es útil preguntar al «perro» qué ha aprendido al final del juego. A menudo el «perro» habrá aprendido muchas acciones asociadas con la tarea que no se pretendía que aprendiera. Por ejemplo, tal vez hayas querido que aprenda a entrar en la habitación, se siente en una silla concreta y se lleve las manos a la cabeza, pero él puede haber aprendido a entrar en la habitación, caminar hacia la chimenea, dar dos vueltas, sentarse en la silla y llevarse las manos a la cabeza. Estas acciones innecesarias, que se suman a las que le pedías, se llaman conductas «supersticiosas», porque el perro cree que son necesarias para conseguir la recompensa. Es útil apercibirse de lo fácil que resulta enseñar a los perros conductas «supersticiosas» durante el adiestramiento.

Enseñar y aprender sin la ventaja de hablar la misma lengua no resulta fácil, pero es posible. Mediante el juego de adiestramiento, llegarás a saber lo que siente un cachorro y también aprenderás (o mejorarás) esas destrezas que ayudarán a su adiestramiento. Leer cómo hacerlo no es suficiente. Para adquirir la destreza

Los premios que se conceden de inmediato en cuanto el cachorro hace lo correcto son esenciales para el éxito del adiestramiento.

ÓRDENES Y SEÑALES HABITUALES

ACCIÓN	ORDEN VERBAL	POSICIÓN DEL CUERPO	SEÑAL CON LA MANO	ACCIÓN	ORDEN VERBAL	POSICIÓN DEL CUERPO	SEÑAL CON LA MANO
Llamar la atención	«Mírame»		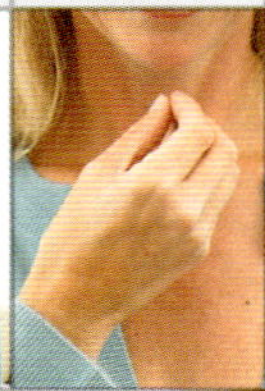	Rodar sobre la espalda	«Rueda»		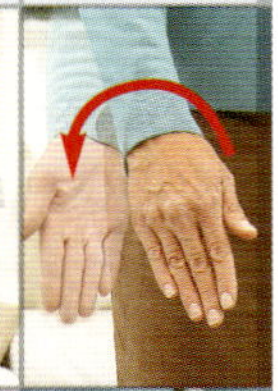
Sentarse	«Sentado»	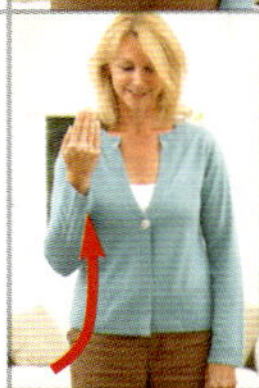	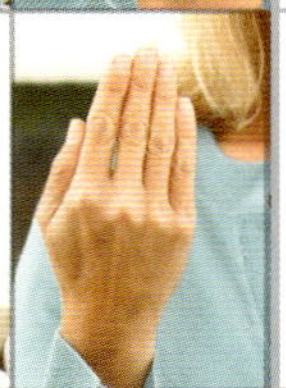	Acercarse	«Cerca»		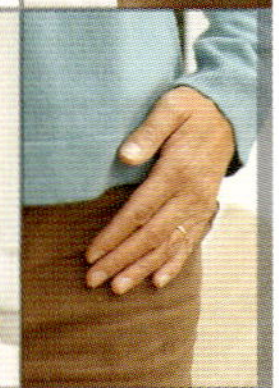
Tumbarse	«Échate»		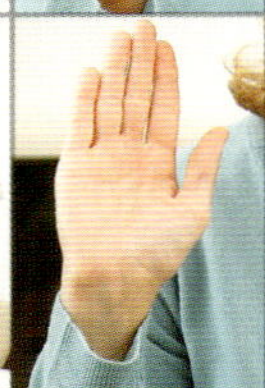	Acudir aquí	«Aquí»		
Ponerse en pie	«En pie»		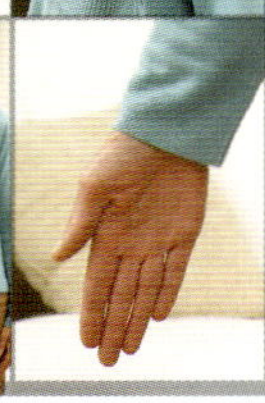	Quedarse quieto	«Quieto»		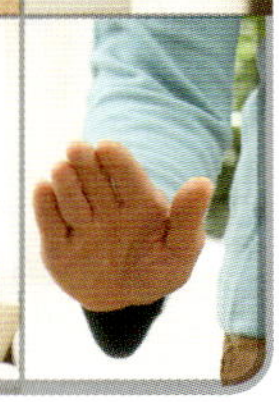

necesaria, debes jugar a este juego antes de intentar adiestrar a un cachorro de verdad.

Las lecciones deben ser cortas

Aprender es un proceso agotador y los cachorros pequeños no tienen un margen de atención grande, como tampoco las energías ni la capacidad de concentración para aguantar sesiones largas. Las lecciones deben ser muy cortas, de uno a tres minutos, pero pueden darse muchas lecciones a lo largo del día.

¿Disfruta tu cachorro con el adiestramiento?

Lo bien que aprenda tu cachorro dependerá de cómo se sienta. Los perros, como los seres humanos, aprenden mejor si se sienten bien y están contentos. Sentirse indispuesto, asustado o cansado inhibirá el proceso de aprendizaje.

En el caso de algunos cachorros, tener mucha energía física también puede causar este efecto y brindarle la oportunidad de correr y jugar antes de una sesión de adiestramiento puede mejorar las cosas. Los perros aprenden con más rapidez si disfrutan con lo que hacen, así que conseguir que las sesiones sean divertidas también acelerará el proceso. ¡Que no deje de mover la cola!

Posturas corporales y palabras

Los perros cuentan con un sistema de comunicación basado en las posturas corporales y no en el lenguaje (véase la página 24). Por consiguiente, aprenden mucho mejor con señales corporales y manuales que con palabras y sonidos.

Mucho antes de que aprendan el significado de las órdenes verbales, los cachorros usan nuestras

Adecuar las señales que das con lo que le enseñas durante el adiestramiento ayudará a tu cachorro a aprender con más rapidez.

posturas corporales y los movimientos de las manos como claves visuales para descifrar lo que queremos. Por tanto, para ayudarles en la tarea relativamente difícil de aprender palabras, tiene sentido usar no sólo palabras, sino también señales manuales y posturas corporales.

Toda la familia tendrá que ponerse de acuerdo sobre esa lista y aprenderla para que no haya señales conflictivas que causen confusión. Elabora una tabla como la mostrada en la página 168 y ponla donde todo el mundo pueda verla. Usar siempre esas señales verbales y visuales de forma correcta ayudará a tu cachorro a aprender más rápidamente.

Al principio usa señales manuales y órdenes verbales para enseñar a tu cachorro. Más adelante, a medida que su capacidad de entendimiento aumente, podrás empezar a ahorrarte las señales manuales y usar solo órdenes verbales.

Todas las órdenes verbales deben ser diferentes y no debe haber dos órdenes que suenen de forma similar. Evita elegir palabras que se parezcan al nombre del cachorro, como Kit y «isit!». Haz una copia de la lista y ponla en un lugar visible para que toda la familia pueda verla.

¿Cuánto tiempo tardará?

Se necesitan sesiones regulares de adiestramiento durante unas seis semanas para que el cachorro aprenda una orden con fiabilidad. Varias sesiones diarias durante unos meses, en momentos del día en que tu cachorro se muestre más permeable al aprendizaje, permitirán imponer pronto las órdenes básicas.

Un programa de adiestramiento

Elabora un programa de adiestramiento y dedica tiempo a diario hasta que tu cachorro tenga al menos 12 meses. Ponte metas razonables para no perder la motivación. Haz que participe toda la familia en el programa, incluso los niños pequeños (quienes, por supuesto, necesitarán supervisión). Cada sesión dura sólo unos minutos, así que elige momentos en que no estés haciendo nada importante, por ejemplo, mientras el agua está hirviendo en la tetera.

Uno de los mejores momentos para el adiestramiento es al salir de paseo con el perro. Como vas a dedicar tiempo a tu cachorro, tiene sentido emplearlo al máximo. Sesiones cortas de juego/adiestramiento de vez en cuando mientras

Jugar al juego de mover la cola favorecerá el proceso de aprendizaje al enseñar a tu cachorro a buscar claves para adivinar qué hacer a continuación.

paseas servirán para que tu cachorro esté bien adiestrado y se muestre obediente tanto en la calle como en casa.

Si trabajas duro con tu programa de adiestramiento durante el primer año de vida del cachorro, tendrás un perro adulto que sabrá las órdenes básicas y te obedecerá. Todo lo que necesitarás más adelante es un poco de adiestramiento ocasional extra para refrescarle la memoria. Durante el adiestramiento no atiendas a las acciones del cachorro que no quieras y recompensa las que apruebes. No regañes al cachorro si lo hace mal, trata sólo de favorecer la respuesta correcta y recompénsalo bien.

El objetivo es tener éxito

Durante el adiestramiento debes tratar de crear situaciones en las que el perro haga bien las cosas desde la primera vez para poder recompénsalo. No permitas situaciones en las que te veas repitiendo las órdenes y tu cachorro esté confuso o no repare en lo que le pides. Si haces eso, el cachorro se desentenderá rápidamente del sonido de tu voz y aprenderá a no hacerle caso.

Si llegas a un punto en que dejas de avanzar, para y piensa por qué no progresa el adiestramiento. Planifica las sesiones de modo que tu cachorro aprenda algo –aunque sea poco– en cada ocasión y pueda ser recompensado por ello. Si el nuevo ejercicio no funciona bien, vuelve a algo que sepa hacer, para así poder elogiarlo y terminar la sesión con un buen punto final.

Ejercicios prácticos

Los cachorros jóvenes tienen un margen de atención muy pequeño, así que haz que las sesiones sean cortas y sencillas al principio. El adiestramiento debe ser divertido para tu cachorro y para ti, por lo que las sesiones deben ser informales y convertirse en un juego en cierto momento para mantener la emoción.

Juego de mover la cola

Antes de enseñar algo a tu cachorro, debes captar su atención. No podrás enseñarle nada si está mirando a otra parte, si se aleja de ti o si está olisqueándote los pies. Antes de iniciar una sesión de adiestramiento, practica el juego de mover la cola.

En un lugar donde nada distraiga a tu cachorro y esté mirando a otra parte, acércate y pronuncia su nombre suavemente y con claridad. Cuando el cachorro alce la mirada, recompénsalo al instante con una galleta y grandes elogios. Déjale ver que llevas otra recompensa en la otra mano situada por debajo de su morro. Pronuncia su nombre, usa la voz para excitarlo y haz que su cola se mueva tanto como puedas. Cuando más excitado esté, dale la galleta.

Repite el juego con frecuencia en muchos lugares y situaciones hasta que el cachorro te preste toda su atención siempre que oiga su nombre. Podéis organizar un concurso los miembros de la familia a ver quién consigue que mueva más la cola.

A continuación comienza a captar su atención más tiempo hablándole con suavidad y manteniendo contacto ocular antes de darle la recompensa. Esto mejorará su capacidad de concentración, lo cual facilitará su adiestramiento, al igual que practicar ocasionalmente el juego en sitios donde haya muchas distracciones.

Acudir cuando lo llamen

Practica los pasos 1 a 3 de las páginas siguientes. No siempre necesitarás que alguien retenga al cachorro mientras lo llamas. Espera a que esté a cierta distancia y pensando en otra cosa antes de llamarlo animadamente y continuar

El adiestramiento en acudir a tu llamada te dará la confianza para llevar a tu cachorro suelto y que tenga más libertad y una vida mejor.

con el resto del ejercicio. Tienes que conseguir que acuda enseguida no sólo por la galleta, sino también porque quiera estar contigo. Por este motivo, es muy importante que conectes con él mentalmente y le hagas saber lo inteligente que es cuando acuda a ti. No te limites a darle la recompensa.

Llámalo sólo cuando estés razonablemente seguro de tener éxito. Si lo llamas cuando esté demasiado excitado por otra cosa como para responder –por ejemplo, si está saludando a otro miembro de la familia que acaba de llegar a casa–, le estarás enseñando a no hacerte caso. En los estadios iniciales del adiestramiento nunca lo llames en tales momentos. Espera a que se haya calmado antes de llamarlo.

Tiene que adquirir la costumbre de acudir a ti en cuanto oiga su nombre. Debes conseguir llamarlo con éxito a tu lado siempre que puedas. Aprovecha toda oportunidad de llamarlo aunque esté acudiendo a ti sin necesidad de llamarlo; por ejemplo, si se da cuenta de que le llevas la cena o cuando regreses a casa.

Ten siempre lista una buena recompensa cuando

Ejercicio: Acudir a tu llamada

1 Pide a alguien que retenga a tu cachorro y lo suelte en cuanto lo llames. Acércate al perro y muéstrale que llevas una sabrosa galleta poniéndosela delante del morro; pero ¡no dejes que se la coma! Aléjate corriendo unos pasos (cuida de no tropezar), para y llámalo pronunciando su nombre y dando la orden con alegría y animándolo.

2 Acógelo con tu lenguaje corporal extendiendo los brazos. Cuando comience a correr hacia ti, elógialo con entusiasmo y sigue llamándolo animadamente.

acuda. Y salúdalo siempre con entusiasmo y alegría cuando acuda a ti. Tendrás que mostrar el mismo entusiasmo que la primera vez que acudió a ti (conseguir que mueva la cola). Una vez que haya aprendido la orden, recompensa sólo las respuestas más rápidas y entusiastas con galletas o juegos. Si haces esto durante su infancia, conseguirás una buena respuesta cuando sea mayor.

Cuando tu cachorro acuda siempre al instante y corriendo al oír su nombre junto con la orden de acudir, tendrás que enseñarle el ejercicio en distintos lugares y con mayores distracciones.

Durante un paseo llama a tu cachorro de vez en cuando, recompénsalo con galletas, con un juego y elógialo por acudir y luego suéltalo de nuevo. Es importante hacer esto durante los paseos, porque si no sólo lo llamarás al final del paseo para ponerle la correa y volver a casa. En tal caso, el cachorro aprenderá que cuando lo llaman significa el punto final de su libertad y comenzará a evitarte.

Nunca estropees una buena llamada castigando al cachorro por acudir. Es demasiado tarde para estar enfadado por lo que haya hecho. Lo

3 Cuando llegue a ti, muéstrale la recompensa en una mano, con la otra mano extendida y más abajo. Cuando se acerque a coger la galleta, atráelo con suavidad para cogerlo por el collar por debajo de la barbilla sin adelantar la mano. Una vez lo tengas por el collar, dale la galleta. Elógialo con entusiasmo. Sujétalo por el collar hasta que acepte la retención y luego suéltalo y deja que se vaya. No te muevas para retenerlo. Si lo haces, aprenderá a evitarte. No lleves las manos por encima de su cabeza porque probablemente no le gustará y, una vez más, aprenderá a evitarte.

importante es que ha vuelto. Castigarle al volver sólo hará menos probable que vuelva la próxima vez. Y nunca llames al cachorro cuando quieras hacer algo que él no quiera, como confinarlo o darle un baño. En ese caso, ve a buscarlo.

Pasear sin tirar de la correa

Mientras tu cachorro sea joven y pequeño, es importante que aprenda que tirar de la correa implica quedarse parado en vez de avanzar. La mayoría de los cachorros aprenden lo contrario, razón por la cual muchos perros arrastran a sus dueños por la calle. Los cachorros que aprenden a no tirar se convierten en perros que disfrutan de sus paseos. Y por eso es más probable que los saquen a pasear con más frecuencia y en paseos más largos.

Para enseñar a tu cachorro a pasear al pie sin

Ejercicio: Pasear sin tirar de la correa

1 Practica un juego enérgico con tu cachorro para consumir su exceso de energía, luego ponle la correa y quédate quieto. Lleva la correa en la mano derecha, con la recompensa en la izquierda, próxima al cachorro. La correa sirve sólo para que no se aleje mucho de ti, así que retenlo presionando la mano derecha contra el cuerpo e intenta que no se mueva de esta posición. No cedas a la tentación de tirar de la correa para atraerlo hacia a ti. Ajusta la longitud de la correa para que penda laxa, pero no tanto como para que arrastre por el suelo. Anima a tu cachorro a permanecer de pie cerca de tu pierna izquierda atrayéndolo con una galleta (no muevas los pies). Elógialo y dale la galleta cuando se acerque. Sigue haciendo esto hasta que se quede quieto junto a tu pierna izquierda mientras espera tu siguiente recompensa.

2 Muestra al cachorro otra galleta, quédate de pie, erguido y mantén la recompensa fuera de su alcance. Pronuncia su nombre para llamar su atención, da la orden de andar al pie y da un paso adelante.

tirar de la correa, tendrás que ser constante y no dejar que tire de la correa desde el primer momento en que se la pongas. Si se les ata a una farola o poste, aprenden que de nada vale tirar. Tendrás que enseñarle que si tira de la correa, tú mismo te convertirás en un poste inmóvil. Esto lleva tiempo y al principio requiere mucha paciencia, pero la recompensa valdrá la pena cuando tu cachorro se convierta en un perro grande.

Enseña a tu cachorro a caminar con la correa floja cuando se haya acostumbrado al collar y ya no se dé cuenta de que lo lleva puesto (véase la página 52. Usa siempre un collar normal, nunca un collar de ahorque.)

Repite los pasos 1 a 7 de este ejercicio hasta que camine junto a ti sin tirar de la correa vayas dónde vayas. Conseguirlo requiere paciencia y tiempo al principio, pero apreciarás la mejoría tras unas pocas sesiones. No te sientas

3 Inclínate, dale la galleta y elógialo calurosamente. Repite los pasos 1 a 3 hasta que los hagas con facilidad.

4 Cuando te sientas más seguro y tengas al cachorro en la posición correcta, comienza a dar más pasos, aumentando gradualmente la velocidad mientras tu cachorro camina tranquilamente a tu lado.

5 A lo largo de varias sesiones, practica dando paseos cortos por el jardín. Gira tomando amplias curvas y recompensa con frecuencia al cachorro. Háblale con alegría siempre que camine a tu lado. Si comienza a alejarse, controla la correa con cuidado. Si está a punto de tensarse, para y mantén la correa firmemente contra ti para que el cachorro experimente una detención brusca.

descorazonado si no obtienes resultados perfectos la primera vez, porque se trata de un ejercicio complicado que requiere cierto tiempo para ser dominado.

Practica este ejercicio en casa y el jardín mientras el cachorro todavía no esté protegido por las vacunas y no puedas sacarlo a pasear. En dichos lugares deberá haber aprendido a caminar en calma junto a ti sin tirar de la correa, antes de que empieces a sacarlo a pasear por sitios excitantes.

Salir a pasear

Cuando tu cachorro salga a dar sus primeros paseos, se mostrará excitado con tantos olores y visiones nuevas, y querrá adelantarse a investigar. Es importante instilarle buenos hábitos desde el principio no dejándole nunca tirar de la correa. Ten paciencia al principio y dedica siempre tiempo suficiente para los paseos. Los comienzos serán lentos, pero si nunca le dejas tirar de la correa, el proceso de aprendizaje llevará menos tiempo. Cuando quieras detenerte,

△ 6 Anima al cachorro a volver a su posición y recompénsalo. Espera a que esté en calma y a la espera antes de repetir el paso 2.

△ 7 Cuando tu cachorro adquiera experiencia paseando sin tirar de la correa, comienza a incorporar giros y obstáculos. Avísalo antes de iniciar el giro, llamando su atención y animándolo a acercarse a ti mientras sorteas el obstáculo. Hazlo divertido elogiándolo calurosamente de vez en cuando y dale una galleta tras completar un giro o tras un cambio de ritmo.
Continúa practicando y aumenta el espacio de tiempo para premiarle con una galleta. No olvides recompensarlo ocasionalmente (véase pág. 164).
Habla con tu cachorro cuando se acerque a ti elogiándolo y entusiasmándolo para que se quede cerca. Mantén el ejercicio interesante cambiando la velocidad.

¡Ten cuidado!

- Los ronzales (o collares de cabeza) te garantizan el control de la cabeza del perro y que no pueda tirar. Usa la correa con suavidad si tu cachorro lleva uno, porque no es difícil hacerle daño en el cuello de un tirón si el cachorro sale corriendo tras algo y queda detenido bruscamente al llegar al final de la correa.

por ejemplo, para hablar con alguien, no dejes que el cachorro te desplace. Si lo haces, aprenderá a tirar del collar para ir a otro sitio. Si nunca consigue desplazarse cuando tira del collar, aprenderá que de nada vale y dejará de hacerlo.

Si tienes que salir a pasear concentrado en otra cosa, como llevar los niños al colegio, tal vez sea mejor buscar un camino alternativo para pasear con el cachorro hasta que esté adiestrado. Si es lo bastante pequeño, podrías llevarlo allí y adiestrarlo de camino a casa o llevarlo con un ronzal si no puedes adiestrarlo. Dejar que el cachorro tire de la correa durante un paseo y esperar que no lo haga en el siguiente lo confundirá y hará más difícil enseñarle a pasear correctamente.

Una vez tu cachorro haya aprendido a caminar sin tirar de la correa, enséñale de nuevo el ejercicio en circunstancias con muchas distracciones y cuando pasees con otros perros. Tu cachorro, aparentemente, parecerá haber

Puntos clave

- Si llevas la galleta en la mano equivocada, tu cachorro se cruzará y te trabará con la correa. Lleva siempre la recompensa en la mano próxima al cachorro.
- Llevar la galleta demasiado abajo y próxima animará al cachorro a saltar por ella. Mantén la galleta fuera de su alcance y dásela cuando tenga las cuatro patas en el suelo.
- Si tu cachorro se cruza por detrás o por delante de ti, para y devuélvelo a su posición correcta. No gires el cuerpo al hacerlo, anima al cachorro a volver a su sitio en vez de moverte tú para que aprenda a maniobrar unido a ti por la correa.
- Los presentadores profesionales de perros llevan el can a su izquierda, pero no hay razón para que no pasees con el cachorro a la derecha. Al principio, pasea llevándolo siempre por el mismo lado y asegúrate de que el resto de la familia hace lo mismo.

olvidado todo lo que ha aprendido cuando hay cosas emocionantes o excitantes, pero repite con paciencia el proceso de aprendizaje como si acabaras de empezar. Así aprenderá que no importa dónde esté o qué suceda a su alrededor; hacer un esfuerzo por mantenerlo cerca de ti para que la correa esté laxa supondrá que llegue a un sitio más rápido que si tirara. Es especialmente difícil que no tire cuando pasea con otros perros, así que intenta salir con perros de amigos para practicar.

Posiciones: sentado, tumbado, de pie, rodar sobre la espalda, quieto y tumbado a distancia

Se puede enseñar todas las «posiciones» del mismo modo. Se le anima a adoptar la posición con una recompensa, se da la orden mientras el cachorro asume la postura y se le recompensa en cuanto lo haga.

Recuerda que tu cachorro aprenderá antes de tu lenguaje corporal y tus señales manuales que de tus palabras. Mantén siempre las mismas

Ejercicio: Sentado

1 Mientras el cachorro está de pie, sostén una galleta justo por encima de su morro. Sujeta con firmeza la galleta entre el índice y el pulgar para que no pueda comerla hasta que haya adoptado la posición correcta.

Puntos clave

- Si salta y levanta las patas delanteras del suelo, estás manteniendo la recompensa demasiado en alto.
- Si retrocede, la recompensa está demasiado atrás y muy baja, o estás moviendo la mano hacia la cola demasiado deprisa.
- Si has elegido la orden «¡sentado!», ten cuidado de no decir «¡abajo!» si has optado por esta palabra para la posición de tumbado, porque eso confundirá a tu cachorro.

señales durante su adiestramiento y ve reduciendo su presencia a medida que mejore su respuesta a las órdenes verbales.

Sentarse

Practica los pasos 1 a 3 que aparecen abajo. Cuando el cachorro se siente al acercar la galleta al morro, incorpora la orden de «¡sentado!». Pronuncia la orden con claridad, justo cuando el trasero del cachorro se acerque al suelo. Acuérdate de darle la galleta y elogiarlo calurosamente mientras esté sentado.

Practica este ejercicio en sesiones cortas, hasta que el cachorro y tú lo dominéis y se siente siempre que le pongas la galleta encima de la cabeza. Durante las sesiones siguientes, mantén oculta la galleta, pronuncia el nombre del cachorro para llamar su atención y que te mire, pídele que se siente mientras haces una señal clara con la mano, luego inclínate para animarlo a adoptar la posición enseñándole la recompensa. Después de muchas repeticiones, comenzará a aprender la orden verbal y se sentará sin que tengas que animarlo con la

◁ **2** Cuando el cachorro levante el morro para tomar la galleta, mueve la mano con la recompensa hacia su cola, siempre por encima de su morro en todo momento. Mientras mueve el morro y la cabeza arriba y abajo, su trasero quedará sentado automáticamente en el suelo.

◁ **3** En cuanto se siente, dale la galleta y elógialo con alegría. Acarícialo suavemente, sigue elogiándolo y dándole galletas mientras continúe en esa posición.

galleta. Cuando se siente, dale la recompensa en seguida y elógialo con entusiasmo.

Una vez que el cachorro conozca la orden, empieza de nuevo a enseñarle a adoptar distintas posiciones respecto a ti: de pie delante de ti, de pie a tu lado, cuando estés sentado o te levantes. Enséñale a sentarse en distintos lugares y con distracciones a su alrededor.

Tumbarse

Es la posición más difícil de conseguir y necesitarás perseverancia y paciencia. Intenta este ejercicio antes de la siguiente comida del cachorro para que tenga hambre y usa un bocado sabroso que le guste mucho para intentarlo. Practica los pasos 1 a 4 de abajo hasta que el cachorro entienda lo que significa «¡tumbado!».

Ejercicio: Tumbarse

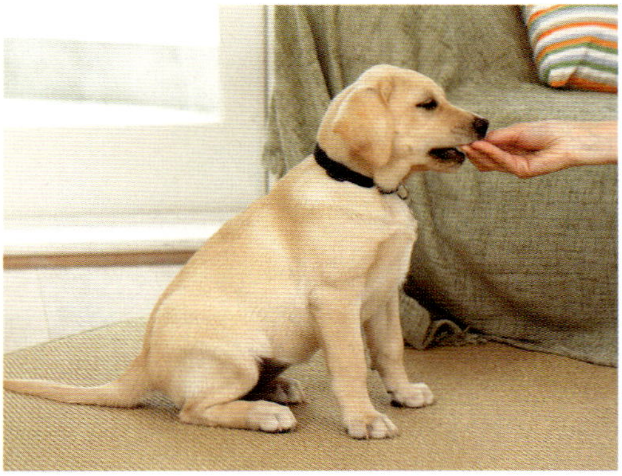

△ **1** Con el cachorro sentado, usa una galleta para que baje lentamente el morro hasta el suelo. Aguanta la galleta si intenta arrebatártela de los dedos, pero déjale que mordisquee trocitos para mantener su interés.

△ **2** Usa la galleta para mantener la cabeza cerca del suelo. Como su cabeza y morro están abajo, le resultará más fácil tumbarse que seguir sentado. Espera con paciencia a que esto suceda. Mantén la calma y espera sin decir nada que pueda distraerlo. Si se incorpora en vez de tumbarse, enséñale de nuevo la galleta para que vuelva a sentarse, dásela para recompensarlo y vuelve a intentarlo.

▷ **3** En cuanto sus codos toquen el suelo, dale el bocado y elógialo. Acarícialo y sigue elogiándolo calurosamente mientras siga en esa posición. Cuando se tumbe tranquilamente, comienza a incorporar la orden «¡tumbado!», justo cuando sus codos bajen hacia el suelo, antes de recompensarlo generosamente.

4 Practica los pasos 1 a 3 hasta que se tumbe en seguida, y enséñale a hacerlo con una señal manual y una orden verbal en vez de animarlo con la galleta. Mientras esté sentado, mantén oculta la galleta, llama su atención y pídele que se tumbe mientras haces una señal clara con la mano. Espera un momento e inclínate para animarlo con la galleta a tumbarse. Después de muchas repeticiones, descubrirás que comienza a aprender la señal manual y la orden verbal y se tumba sin mostrarle la galleta. Cuando lo haga, dale la recompensa en seguida y elógialo con entusiasmo.

Puntos clave

- Si continúa de pie, intenta acercar más la galleta a sus patas para que no tenga que echarse adelante para alcanzarla.
- A muchos cachorros no les gusta tumbarse en un suelo duro y frío. Si resulta difícil conseguir que se tumbe, inténtalo de nuevo sobre una superficie suave.
- Si no tienes éxito, intenta recompensarlo por bajar la cabeza, y luego pídele un poco más, hasta que su cabeza esté agachada y le sea más fácil tumbarse para morder la galleta.
- Si es muy difícil que tu cachorro se tumbe, haz un puente con las piernas e intenta animarlo con la galleta a que se meta debajo. Dale varias galletas cuando esté tumbado para que aprenda que esto es lo que quieres, entonces aparta las piernas e inténtalo de nuevo con el cachorro en el mismo lugar.
- Si has elegido «¡abajo!» como orden verbal para este ejercicio, intenta no usarla en otras ocasiones. Por ejemplo, resulta tentador decir «¡abajo!» cuando tu cachorro salte o se suba en el sofá. Si usas «¡abajo!» en esas ocasiones, lo confundirás y menguarás su respuesta a la orden verbal.

Una vez que conozca esta orden verbal, comienza de nuevo a enseñarle la postura en distintas posiciones respecto a ti: sentado delante de ti, sentado a tu lado, cuando tú estés sentado o de pie. Enséñale a tumbarse en distintos lugares y también con distracciones a su alrededor.

De pie

Practica los pasos 1 a 4 de abajo hasta que tu cachorro entienda lo que significa «¡de pie!».

Una vez conozca la orden, empieza a enseñarle de nuevo en distintas posiciones respecto a ti: sentado delante de ti, sentado a tu lado, estando

Ejercicio: De pie

1 Con el cachorro sentado, ponle una galleta delante y, manteniéndola a nivel del morro, aléjala con lentitud.

Puntos clave

- Si alejas la galleta demasiado rápido, tal vez se quede quieto, esperando que lo recompenses en esa posición. Si esto sucede, vuelve a acercar la galleta y comienza otra vez más despacio.
- Si la galleta se aleja demasiado rápido cuando se levante, tal vez comience a andar y aprenda a hacer esto en vez de quedarse de pie, que es lo que quieres enseñarle.

2 Cuando se mueva hacia ti siguiendo la galleta, automáticamente se levantará.

△ **3** En cuanto esté de pie, deja de mover la galleta, dásela y elógialo con entusiasmo. Acarícialo y sigue elogiándolo calurosamente mientras siga en esa posición.

▷ **4** Tras varias sesiones practicando los pasos 1 a 3, cuando tu cachorro se levante en seguida al incitarlo con la galleta, enséñale a hacerlo con la orden «¡de pie!». Con el cachorro sentado, oculta la galleta, pronuncia el nombre del cachorro para llamar su atención, di «¡de pie!» con una señal clara con la mano, luego inclínate y anímalo con la galleta a adoptar la posición. Tras muchas repeticiones, verás que comienza a aprender la orden verbal y se levanta sin que se le anime con la galleta. Cuando lo haga, dale la galleta en seguida y elógialo con entusiasmo.

tú sentado o de pie. Enséñale a tumbarse en distintos lugares y también con distracciones a su alrededor.

Rodar sobre la espalda

Este ejercicio será muy útil cuando tu perro crezca del todo y el veterinario necesite examinarlo por debajo. Obligar a un perro a que se tumbe boca arriba para examinarlo es mucho más difícil que enseñarle a rodar sobre la espalda.

Practica los pasos 1 a 5 de abajo. Una vez conozca la orden, empieza a enseñarle de nuevo en distintas posiciones respecto a ti: sentado

Ejercicio: Rodar sobre la espalda

1 Con el cachorro tumbado sobre una alfombra o moqueta, ponle una galleta delante del morro y muévela lentamente hacia su hombro.

2 Cuando el cachorro gire la cabeza para tomar la galleta, su cuerpo rodará hacia un lado. Ten paciencia, porque esto requiere tiempo y perseverancia.

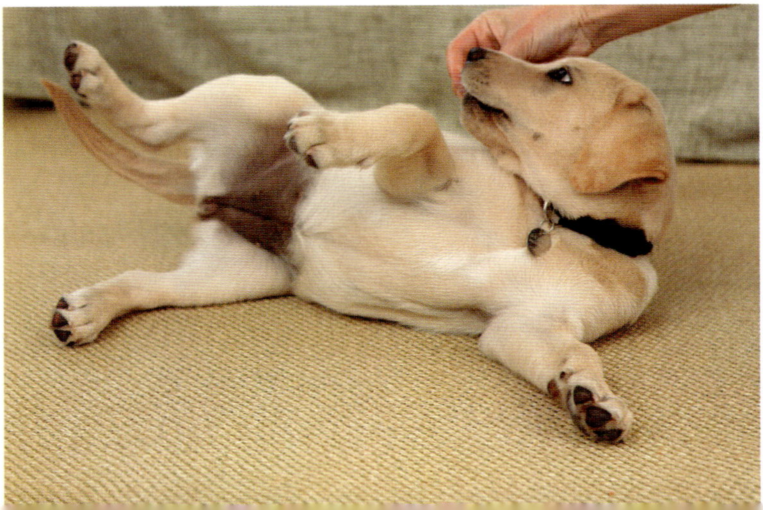

3 En cuanto se tumbe sobre el costado, elógialo con entusiasmo y dale la galleta. Acarícialo y sigue elogiándolo calurosamente mientras conserve esa posición.

4 Sigue practicando varios días, desplazando la galleta cada vez un poco más lejos antes de recompensarlo, de modo que al final ruede sobre la espalda mientras sigue tu mano.

5 Tras varias sesiones practicando los pasos 1 a 4, enséñale a hacerlo cuando digas «¡rueda!». Con el cachorro tumbado, mantén oculta la galleta, pronuncia su nombre para llamar su atención, di que ruede mientras le haces una señal manual, y anímalo con la galleta a adoptar la posición. Tras muchas repeticiones, verás que comienza a aprender la orden verbal y rueda sobre la espalda sin que se le anime con la galleta. Cuando lo haga, dale la galleta en seguida y elógialo con entusiasmo.

Puntos clave

- Si estás tratando de que tu cachorro ruede sobre la espalda, intenta recompensarlo cuando mueva la cabeza hacia el lado. Pídele un poco más la próxima vez antes de recompensarlo, y dale tiempo para hacer el movimiento, recompensándolo bien cuando lo haga. Además, intenta situar la mano de modo que pueda girar la cabeza limpiamente hacia el otro lado, para no tener que distraerlo con un movimiento brusco.

delante de ti, sentado a tu lado, contigo sentado o de pie, etc. Enséñale en distintos lugares y también con distracciones a su alrededor.

Quieto

Este ejercicio es muy útil cuando quieras que tu cachorro esté quieto mientras haces algo. Se puede usar una palabra que signifique «quédate ahí hasta que te vuelva a hacer caso», por ejemplo, cuando quieras que el cachorro lleno de barro se quede junto a la puerta de casa mientras buscas dentro una toalla, o cuando quieras que el cachorro espere en el recibidor mientras abres la puerta para recoger un

Ejercicio: Quieto

◁ **1** Pide a tu cachorro que se siente y elógialo. Dale la orden verbal y haz con lentitud la señal manual para que se quede quieto.

▽ **2** Cuenta hasta dos y recompénsalo con una galleta y elógialo suavemente mientras mantenga la posición (si lo elogias con excitación, se levantará y moverá). Deja de recompensarlo si cambia de posición y pídele de nuevo que se siente.

Repite los pasos 1 a 2, aumentando gradualmente el tiempo que permanece sentado. Sigue hasta que puedas contar hasta 20. Si tu cachorro se mueve, retrocede a un paso previo y vuelve a practicar aumentando la cuenta más lentamente.

¡Ten cuidado!

- Nunca uses este ejercicio para dejar al perro sin supervisión en un lugar potencialmente peligroso. Se puede distraer y olvidar su adiestramiento; por ejemplo, si ve a otro miembro de la familia al otro lado de la calle, puede cruzar a la otra acera.

paquete. Es un ejercicio sencillo de enseñar, pero hazlo cuando el cachorro esté cansado y no lleno de energía.

Aumenta la dificultad del ejercicio hasta que puedas marcharte o moverte alrededor del cachorro sin que cambie de posición. Cuando sepa quedarse quieto, repite este ejercicio en un lugar con distracciones. Tal vez también quieras enseñarle a estarse quieto tumbado, lo cual será fácil si obedece a la orden de quieto sentado.

Quieto a distancia

Es un ejercicio útil de enseñar porque te confiere control a distancia sobre tu cachorro, lo cual resultará útil en una emergencia; por ejemplo, si tu perro ha cruzado la calle y no hay tiempo para que vuelva antes de que pase un coche. Obviamente, es mejor evitar tales situaciones,

△ **3** Cuando tu cachorro se mantenga delante de ti sentado cierto tiempo sin moverse, repite el paso 1, pero da un paso lateral respecto a él.

△ **4** Una vez que obedezca siempre mientras te mueves lateralmente, da dos pasos lateralmente y, observando a tu cachorro con cuidado, muévete dando una vuelta a su alrededor. Trabaja hasta que conserve la posición mientras caminas a su alrededor.

pero, si ocurren de forma accidental, conseguir que tu perro se tumbe de inmediato puede salvarle la vida.

Comienza este ejercicio sólo cuando haya aprendido la orden «¡tumbado!» y lo haga siempre que te oiga.

Practica los pasos 1 a 3 de abajo. Una vez se tumbe siempre que des la orden a distancia, enséñale a tumbarse cuando esté corriendo hacia ti. Empieza por decir «¡tumbado!» cuando casi haya llegado hasta ti. De forma gradual, a lo largo de varias sesiones, detenlo cuando esté cada vez más lejos y recompénsalo lanzándole un juguete o una galleta en cuanto se tumbe.

Cómo enseñarle un truco

Es divertido enseñarle trucos y, como estarás pasándolo bien, tu cachorro también se divertirá. Todo el adiestramiento (por ejemplo, «¡sentado!»

Ejercicio: Tumbado a distancia

1 Cuando tu cachorro esté a un paso o dos de ti, da la orden de «¡tumbado!» y haz la señal manual mientras das un paso hacia él. Recompénsalo bien cuando responda.

2 Después de unas repeticiones, cuando comience a responder con más rapidez, inclínate en vez de dar un paso hacia él.

y «¡quieto!») es una serie de trucos: tu perro está haciendo algo que quieres que haga para recibir una recompensa y complacerte. Los trucos sólo se enseñan con éxito usando el método de las recompensas, por lo que es un buen medio para evaluar si eres capaz de enseñarle algo sin obligarlo. Los trucos tienen que ser divertidos para los dos.

Asegúrate de que el truco que elijas no sea contraproducente o pueda dañar al cachorro. No enseñes a saltar a cachorros jóvenes porque se pueden dañar sus articulaciones, ligamentos y huesos en crecimiento. Elige algo que pueda ser útil, como andar hacia atrás o acarrear una caja de comida para perros. Resultará más fácil enseñarle el truco si eliges algo en lo que el perro sea bueno: a los terriers les gusta usar las patas, a los perros de caza les gusta cobrar e inmovilizar cosas, y a los perros de pastoreo les gustan los juegos de persecución.

Recompensa siempre a tu cachorro en cuanto haga lo que quieres. En las fases iniciales en que se le enseña paso a paso recompénsalo en cuanto trate de hacer lo correcto. Elógialo y dale

3 Al final podrás permanecer quieto de pie, darle la orden verbal y que tu cachorro se tumbe al instante a unos cuantos pasos de ti. Recompénsalo con un bocado o galleta, elógialo y juega con él si responde correctamente. De forma gradual, a lo largo de varias sesiones, aumenta la distancia entre el cachorro y tú antes de dar la orden. Si, en cualquier momento, no parece entender, retrocede un paso y repite el ejercicio estando el cachorro más próximo.

la galleta de inmediato (y que mueva la cola). No le exijas mucho en seguida. Recuerda el juego de adiestramiento (véase la página 165) y lo descorazonador que fue no recibir ningún refuerzo, a pesar de intentar varias veces algo que creías correcto.

Nunca te enfades; si tu perro no hace lo que quieres, piensa; lo habrás hecho demasiado difícil. Reduce las sesiones a sólo dos minutos, para y pregúntate qué ha aprendido el cachorro. Si la respuesta es nada, piensa en facilitar las cosas para que haga lo que quieres. Dispón siempre un descanso entre sesiones. Practica cada paso hasta que, cuando comiences de nuevo, el cachorro haga la acción requerida por primera vez.

Ejercicio: Enseñando a reptar

▷ **1** Comienza con tu cachorro tumbado, y acércale una galleta al morro.

▷ **2** Desplaza lentamente la galleta hacia delante, manteniéndola cerca del suelo para que tenga que reptar para atraparla.

▷ **3** Después de muchas repeticiones, desplaza la mano con mayor rapidez e introduce una orden y una señal manual para que tu cachorro aprenda a «reptar» sin enseñarle la galleta.

Aprender a «girar» es fácil usando una galleta para incitar al cachorro a moverse en círculo. Una vez haya aprendido a girar en una dirección, enséñale a girar en dirección opuesta para que desarrolle por igual los músculos de ambos lados.

Enseña a tu cachorro a «chocar los cinco» tocando tu mano alzada con la pata.

En el caso de trucos complicados el secreto radica en descomponerlos en pequeñas secciones para luego ensamblarlas y formar una secuencia. Practica siempre primero la última parte del truco y retrocede hasta el principio. Esto garantiza que haya algo familiar en cada nueva parte que le enseñes. Para cada sección, piensa en cómo situar la recompensa para que tu cachorro sólo pueda tomarla cuando haya completado la acción que se le exige. Intenta que al cachorro le resulte evidente lo que se requiere de él para que lo haga bien la primera vez.

Una vez tu cachorro haya aprendido bien el truco, no olvides practicar en distintos lugares y con distracciones. Si parece haber olvidado cuanto le has enseñado al practicar en otro lugar, empieza de nuevo el adiestramiento desde el principio. Aprenderá mucho más rápido esta segunda vez, y más rápido todavía cuando practiques en un tercer lugar.

Elige entre estos trucos o inventa otros nuevos:

- La ola.
- Andar hacia atrás.
- Atravesar un aro.
- Actuar de correo entre miembros de la familia (ve con papá, mamá, etc.).
- Buscar el periódico.
- Traer la correa.
- Traer tu bolso.
- Coger un objeto y tirarlo a la papelera.
- Cerrar la puerta.

Tu cachorro aprenderá los trucos con más facilidad si las sesiones de adiestramiento son sencillas y divertidas.

Encontrar unas buenas clases de adiestramiento

Asistir a unas buenas clases de adiestramiento resulta divertido y útil. Te ayudará a aprender, a corregir errores y a mantenerte motivado. No obstante, es muy importante encontrar clases que usen métodos similares a los de este libro. Algunos instructores siguen usando cierto grado de obligación y castigo. Descarta los que favorezcan el uso de collares de ahorque, los collares de púas o castigo, o no aboguen por el

Enséñale la «ola» animando al cachorro a que te toque la mano con la pata para obtener la comida. Una vez aprenda a tocar tu mano, podrás alzarla hasta que, al final, comience a «hacer la ola».

Una buena clase para cachorros respaldará tu adiestramiento y ayudará a la socialización de tu cachorro.

uso de galletas y juegos como recompensa. Asistir a clases erróneas hará que tu adiestramiento retroceda o incluso eche a perder la buena relación que tienes con tu cachorro.

Recomiendo que pidas detalles a las siguientes personas sobre clases de adiestramiento para cachorros o perros:

- Tu veterinario.
- Una perrera (pide un número de teléfono en tu ayuntamiento).
- Brigadas de rescate.
- El Kennel Club.
- Peluqueros caninos/guarderías caninas/tiendas de mascotas
- Amigos dueños de perros.

Si preguntas a bastantes personas, terminarás con una lista de escuelas y tendrás una idea aproximada de su calidad. También recomiendo que te pongas en contacto con entrenadores que te parezcan adecuados y pidas acudir a las clases sin tu cachorro. Es muy importante visitar la escuela sin tu cachorro para realizar una evaluación objetiva, sin que nada te distraiga o te pidan que te unas a la clase. Asiste a las clases de adultos y cachorros. Haz una valoración

¡Ten cuidado!

- Si tu cachorro es tímido o agresivo con personas u otros perros, será mejor adiestrarlo en casa o contratar clases particulares con un buen entrenador, además de recibir consejos de un especialista en conducta canina.

basada en los siguientes criterios:

- Se emplean métodos positivos de adiestramiento para cachorros/perros y seres humanos, usando elogios, bocados de recompensa y juegos con juguetes.
- El adiestramiento es eficaz para personas y cachorros/perros por igual, de modo que todos aprenden y avanzan.
- Las clases se dan en un ambiente de calma y ordenadamente.
- Todos los juegos sin correa están supervisados y ejecutados correctamente, quedando sólo unos pocos cachorros sin correa durante períodos cortos.
- Personas y cachorros/perros se divierten.
- Los cachorros y los perros adultos están en clases separadas; los cachorros de menos de 20 semanas se mantienen apartados de los perros adultos.
- Los perros en las clases tienen un nivel similar (p. ej., principiante, intermedio, avanzado).
- En cada clase hay pocos perros (ocho cachorros/perros como máximo por entrenador/ayudante).
- No hay estrés ni tensión.
- No se usan cadenas de ahorque, collares de castigo ni collares eléctricos.
- No se trata con rudeza al cachorro, ni se le agarra, zarandea o grita. No se ata a los cachorros o perros al suelo.
- No se usan pulverizadores de aire ni pistolas de agua.
- No hay ruidos molestos.
- No hay humillaciones para el dueño.

Finalmente, pregúntate «¿Querrá mi cachorro/perro ir a estas clases?» Apúntalo a las que más te convenzan, incluso si tienes que esperar a que haya plaza o si tienes un trayecto largo hasta la escuela. ¡Valdrá la pena!

¿Pedir u ordenar?

Si has criado a tu cachorro usando los métodos de este libro, habrás establecido una buena relación con él, y él estará contento de hacer lo que le dices y deseará complacerte. Si tu cachorro muestra esa actitud, será mucho más fácil y agradable para los dos cuando le pidas cosas en vez de ordenárselas.

A veces surgen dificultades si tu cachorro no ha aprendido lo suficiente a obedecer con distracciones o si, durante la adolescencia, decide que prefiere hacer otra cosa. En esos casos debes cambiar la petición por una orden, marcando la urgencia de tu voz con una orden más alta y forzada. Una orden enérgica, que tu cachorro no pueda dejar de oír, probablemente provoque la respuesta que deseas, sobre todo porque no lo habrás desensibilizado usándola a diario.

Si todavía no te hace caso y estás seguro de que sabe lo que quieres de él, ponle la correa para que no tenga otra opción que obedecer y practica hasta que mejore en sus respuestas.

Adquirir modales

Cuanto más aprenda tu cachorro, más fácil le resultará aprender. Mientras trabajas con tu cachorro, también mejorarán tus destrezas para el adiestramiento y su capacidad para entender órdenes. También aprenderá que quieres que haga «algo» y se esforzará por adivinar lo que quieres. Si avanzas lo suficiente con su adiestramiento, descubrirás que establecéis una comunicación casi telepática, porque tu cachorro tratará de anticiparse a tus deseos.

Las recompensas utilizadas durante el entrenamiento ayudarán a tu cachorro a disfrutar trabajando contigo.

Enseñarle trucos útiles, como buscar las llaves, hará que la vida del cachorro sea más plena.

CAPÍTULO 16

Adolescencia y edad adulta

Un cachorro pequeño dependerá de ti para todo. Como serás el centro de su universo, te seguirá a todas partes y querrá complacerte a toda costa. A medida que crezca, el centro de su mundo se ampliará hasta incluir el resto de su entorno y comenzará a adoptar una actitud más independiente. Este proceso comenzará cuando el cachorro tenga unas 18 semanas y se agudizará gradualmente hasta alcanzar la adolescencia hacia los seis meses.

A los seis meses de edad se produce la madurez sexual y todos los cambios hormonales asociados acarrean nuevas alteraciones en la conducta del cachorro. (La pubertad se puede adelantar a los cinco meses en las razas pequeñas y a los siete meses o más tarde en las razas grandes.)

Las perras entran en celo por primera vez y pueden experimentar cambios muy bruscos en su temperamento justo antes y durante el celo. Tu perra puede manifestar cambios de humor, motivarse con dificultad y estar taciturna y malhumorada durante este período. Tal vez también muestre una conducta competitiva o agresiva hacia otras perras en la casa.

Los machos comienzan a levantar la pata cuando se elevan sus niveles de testosterona, olisquean rastros para descubrir qué otros perros viven en el área y comienzan a marcar su territorio con perseverancia. Se interesan más por competir con los otros machos que ven habitualmente, y esto, en ocasiones, puede derivar en escaramuzas.

Perros y perras mostrarán mucho más interés por el mundo exterior. Son más grandes y atrevidos y les resulta más fácil ser independientes. Puede haber un cambio en el modo en que encaran amenazas potenciales,

La adolescencia es un período difícil y la mayoría de los dueños pasará un tiempo preguntándose «qué ha salido mal» con su complaciente cachorro.

Durante la adolescencia la atención del cachorro se dirige al mundo exterior, y los dueños y sus deseos resultan mucho menos importantes.

llegando a recurrir a la agresión para sentirse seguros, en vez de huir o apaciguar. Todos los problemas de conducta subyacentes aflorarán ahora y es posible que se manifiesten a esta edad.

El mundo y el entorno adquieren importancia capital para tu cachorro. Tus deseos se tornan menos importantes; no debes darle oportunidades para que te desobedezca y tendrás que prevenir que vaya a su aire, siendo comprensivo con el hecho de que es natural que su atención esté en otra parte.

El cambio de actitud de tu cachorro en este período puede resultar descorazonador a menos que estés preparado. Cuando tu cachorro es muy joven, es fácil enseñarle porque gozas de toda su atención. Gradualmente, al empezar a madurar y mostrar más interés por lo que sucede a su alrededor, parecerá que estás perdiendo la intimidad de la que antes disfrutabas. Será menos fácil controlarlo y tendrá menos deseos de escuchar tus deseos. La adolescencia es un período muy egoísta, y sus deseos son más importantes que los tuyos.

En cierto punto del desarrollo de tu cachorro probablemente creas que ha olvidado todo lo aprendido. Intenta no preocuparte demasiado, porque no lo ha olvidado todo, sino que lo ha aparcado para concentrarse en otras cosas. Persevera con el adiestramiento e insiste con paciencia para que haga lo que pides.

Sólo una fase

Resulta tentador enfadarse en esos momentos, pero intenta recordar que sólo es una fase por la que está pasando. Los cachorros adolescentes pueden ser exasperantes y hacer que llegues a enfadarte de veras y a mostrarte agresivo. Es habitual sentirse defraudado, pero recuerda que esta fase pasará y ambos llegaréis al final siendo más mayores y sabios. Intenta concluir las sesiones de adiestramiento antes de enfadarte. Si notas que te está subiendo la pimienta a la nariz, pide al cachorro que haga algo muy fácil, como sentarse, elógialo y da por terminada la sesión. Castigar al cachorro no ayudará, sino que profundizará la distancia entre los dos y hará que su entorno se vuelva más atractivo si cabe.

Un problema habitual en este período es la huida, es decir, que no acuda a tu llamada cuando estéis de paseo. El mundo exterior tiene ahora más interés para el cachorro, probablemente prefiera seguir investigando a volver a ti, sin importar las recompensas que le ofrezcas. Si comienza a suceder, ponle una correa larga antes de dejar que se aleje. Llámalo siempre que llegue al final de la correa y úsalo para dar una orden verbal si fuera necesario (ten cuidado de no trabarte con la correa, y no la uses cuando haya niños o personas de complexión frágil). De este modo impedirás que aprenda que las conductas indeseables (conducta huidiza) también comportan

Conserva el control usando una correa larga si fuera necesario y sigue practicando los ejercicios de adiestramiento sin esperar grandes logros.

recompensas. También le estarás enseñando que no tiene otra elección sino volver a ti cuando oiga tu llamada.

Al igual que con los chicos durante la adolescencia, puede resultar difícil convivir con cachorros adolescentes. No sólo empiezan a interesarse más por el mundo que los rodea que por ti, sino que también empiezan a afianzarse y a desafiarte para ver hasta dónde pueden llegar. Potencia tu liderazgo si fuera necesario (véase página 78) e intenta no dar órdenes cuyo cumplimiento no puedas garantizar si tu cachorro decide no hacer caso.

La adolescencia pasará más fácilmente si eres consciente de ella y no te preocupas en exceso. Por suerte, no dura tanto como en los humanos y, cuando tu cachorro tenga de 12 a 18 meses, ya habrá terminado. Durante la fase de la adolescencia, a veces parecerá que, incluso a pesar de tu metódico trabajo, ahora tienes un cachorro problemático en vez de un perro de confianza. ¡No desesperes! Tu cachorro madurará pronto y de nuevo estará atento a tus decisiones, querrá complacerte y, siempre que hayas seguido con el adiestramiento, estará bajo tu control.

Adultos jóvenes

Gradualmente, tu cachorro saldrá de la adolescencia y se convertirá en un adulto joven. A esta edad todo el trabajo duro comenzará a dar sus frutos. Todavía tendrá que madurar cierto tiempo física y emocionalmente, pero los días difíciles de la adolescencia habrán terminado y podrás relajarte un poco. La socialización continuará en cierto grado durante toda su vida, pero ocurrirá de forma natural al acompañarte en todas tus actividades. De vez en cuando tendrás que reiterar el adiestramiento, pero ya no olvidará las órdenes que le enseñaste desde pequeño, sobre todo si las usas con constancia.

Al final ¡funciona!

Tras toda la dedicación otorgada en los primeros meses, al final tendrás un perro bien educado, obediente y deseoso de complacerte. Podrá vivir como un miembro de la familia e ir a todas partes, o quedarse sólo en casa sin hacer travesuras. Será un perro bien socializado, feliz y extrovertido. Sabrá jugar con personas adultas y niños, y se mezclará fácilmente con otros perros. Como no has agriado su carácter disciplinándolo, ahora tendrá libertad para ser él mismo sin miedo a ser castigado, y mostrará su carácter real. Te recompensará con creces por el tiempo dedicado y las preocupaciones que tuviste durante su infancia. Será un buen amigo, querido y admirado por todos los que lo conozcan, un perro del cual sentirse orgulloso.

Una vez madure tu perro, su interés volverá a centrarse en la familia. ¡Al final todo el duro trabajo habrá merecido la pena!

APÉNDICE

Programa de socialización

PROGRAMA DE SOCIALIZACIÓN Pon una señal por encuentro en cada celda, sumando tantas señales por cel

		 7–8 SEMANAS	 8–9 SEMANAS	 9–10 SEMANAS
ADULTOS (HOMBRES Y MUJERES)	Adultos jóvenes			
	Adultos de mediana edad			
	Personas mayores			
	Personas discapacitadas			
	Personas ruidosas y confiadas			
	Personas tímidas			
	Repartidores - Mensajeros			
	Corredores			
	Personas con uniforme			
	Personas con sombrero			
	Personas con barba			
	Personas con gafas			
	Personas con casco de motorista			
NIÑOS	Bebés			
	Niños que empiezan a andar			
	Chicos			
	Adolescentes			
OTROS ANIMALES	Perros: adultos			
	Perros: cachorros			
	Gatos			
	Mascotas pequeñas			
	Patos			
	Ganado			
	Caballos			
ENTORNO	Casa de amigos			
	Centro comercial			
	Parque			
	Exterior de una escuela			
	Exterior de un parque infantil			
	Paseos por el campo			
	Mercadillo en el garaje			
	Restaurante, bar, café			
	Ayuntamiento			
	Suelos resbaladizos			
	Fiestas			
	Veterinario			
	Peluquero canino			
	Guardería canina			
OTROS	Bicicletas			
	Motocicletas			
	Monopatines			
	Sillas de ruedas			
	Tráfico			

posible (Intenta no abrumar a tu cachorro: sigue su ritmo.)

	10–11 SEMANAS	11–12 SEMANAS	12–13 SEMANAS	13–14 SEMANAS	14–15 SEMANAS	15–16 SEMANAS

Lecturas recomendadas

Gwen Bailey, *Puppy School: 7 Steps to the Perfect Puppy,* Hamyln (2005); ISBN-10: 0600610810, ISBN-13: 978-0600610816

Gwen Bailey, *What is my dog thinking?,* Hamyln (2002); ISBN-10: 0600604233, ISBN-13: 978-0600604235

Gwen Bailey, *Dogs Behaving Badly,* Hamyln (2007); ISBN-10: 0007244371, ISBN-13: 978-0007244379

Suzanne Clothier, *Bones Would rain from the Sky: Deepening our Relationships with Dogs,* Wamer Books, reprint (2005); ISBN-10: 044669634X, ISBN-13: 978-0446696340

R. Coppinger y L. Coppinger, *Dogs: A startling new understanding of canine origin, behaviour and evolution,* Prentice Hall & IBD (2001); ISBN-10: 0684855305; ISBN-13: 978-0684855301

John Fisher, *Think Dog!: An Owner's guide to canine psychology,* Cassell Illustrated, nueva edición (2003); ISBN-10: 1844031209, ISBN-13: 978-1844031207

John Fisher, *¿Por qué mi perro...?* J. Noticias, S. A. 1993.

John Fisher, *Dogwise: The natural way to train your dog,* Souvenir Press, reedición (1992); ISBN-10: 0285631144, ISBN-13: 978-0285631144

Patricia McConnell, *The Other End of the Leash: Why we do what we do around dogs,* Random House USA, reimpresión (Abril 2003); ISBN-10: 034544678X, ISBN-13: 978-0345446787

Karen Pryor, *¡No le mates... enséñale!: el arte de enseñar y adiestrar.* KNS Ediciones, S. L. 2006.

Pam Reid, *Excel-erated Learing,* James & Kenneth Publishers, US (1996); ISBN-10: 1888047070, ISBN-13: 978-1888047073

Turid Rugaas, *El lenguaje de los perros: las señales de calma,* KNS Ediciones, S. L. 2005

D. Weston, *Dog Training: The gentle, modern method,* Gazelle Book Services (2003); ISBN-10: 1855860023, ISBN-13: 978-1855860025

D. Weston & R. Ross, *Dog Problems: The gentle, modern cure,* Gazelle Book Services (1992); ISBN-10: 185586004X, ISBN-13: 978-1855860049

Direcciones útiles

Si tu cachorro tiene un problema de conducta, contacta con:

Association of Pet Behaviour Counsellors
PO Box 46
Worcester
WR8 9YS
Inglaterra
Teléfono: 01386 751151
Email: info@apbc.org.uk
www.apbc.org.uk

Para clases de adiestramiento de calidad en el área donde vives y consejos sobre cachorros nuevos, contacta con Puppy School (fundada por Gwen Bailey):

Puppy School
PO Box 186
Chipping Norton
OX7 3XG
Inglaterra
Email: info@puppyschool.co.uk
www.puppyschool.co.uk

www.dogbehaviour.com
Para clases de adiestramiento para perros más mayores, contacta con:

Association of Pet Dog Trainers (UK)
PO Box 17
Kempsford
GL7 4WZ
Inglaterra
Teléfono: 01285 810811
Email: APDToffice@aol.com
www.apdt.co.uk

Para detalles sobre las clases de adiestramiento o información sobre cachorros, contacta con:

The Kennel Club (UK)
1-5 Clarges Street
Piccadilly
Londres
W1j 8AB
Inglaterra
Teléfono: 0870 606 6750
www.thekennelclub.org.uk

Índice alfabético

Los números de página en *cursiva* se refieren a ilustraciones.

Agradecimientos

Agradecimientos de la autora

Gracias de corazón a las personas que me ayudaron y me enseñaron tanto sobre conducta canina cuando empecé a trabajar, sobre todo a John Rogerson, el finado John Fisher, Ian Dunbar, Tony Orchard y muchos otros que tanto han aportado. Sus conocimientos me permitieron adelantarme a mi época con métodos positivos, y por eso, y por su inspiración, siempre les estaré enormemente agradecida.

Para Spider, Winnie, Beau, Sammy y Scampi, los fantásticos perros con los que he compartido mi vida, que tanto amor y alegría me han dado, y me han enseñado más de lo que podría haber imaginado.

Agradecimientos fotográficos

Fotografías especiales
Octopus Publishing Group Limited/Russell Sadur.

Otras fotografías
Alamy/Adrian Buck 34; /Arco Images 10.
Ardea/John Daniels 11, 16.
Octopus Publishing Group Limited 129; /Angus Murray 118; /Ray Moller 12 picture 1, 12 picture 2, 12 picture 11, 12 picture 4, 12 picture 5, 12 picture 6, 12 picture 9, 12 picture 3, 12 picture 12, 39 right; /Rosie Hyde 36, 113 top; /Russell Sadur, 64, 76, 140; /Steve Gorton 12 picture 10, 12 picture 7, 12 picture 8, 43, 193.
The Kennel Club Picture Library 112, 113 bottom.

Agradecimientos de los editores

Los editores quieren dar las gracias a las siguientes personas y a sus perros por participar en las sesiones fotográficas: Emelye Allen y Rossi; Elizabeth, Phoebe y Tom Barley y Ralphie; Sue y Sophie Belcher y Ella; Bobs Broadbent y Nellie y Lola; Carin y Tim Browne y Henry; Geoff Burnand y Monty; Kate y Eleanor Catlin y Toffee; Natalie, William y Carrie Charles y Monty; Heather Cooper y Luey y Roxy; Dense y Liam Kavanagh y Archie y Jock; Linda Lee y Byron; Alison Littlewood y Willow; Sylvie, Angus y Krystyna Mawer y Daisy; Roz Mortimer y Amber; Kate Perry y Tess; Katy, Georgina y Michael Renny y Bonnie; Philip Robinson y Sacha; Amba Suppel y Winnie; Emma Vagg y Damian Hart y Harry. Sobre todo gracias a Bobs Broadbent, Emma-Clare Dunnett y Sue Ottmann por su ayuda para buscar personas y cachorros.

Editor ejecutivo Trevor Davies
Redactora Fiona Robertson
Jefe de diseño Tokiko Morishima
Diseñador Mark Stevens
Ilustrador Sudden Impact Media
Jefe de producción Ian Paton